SPORTS ILLUSTRATED
CHINA'S RACING
IN A CENTURY

百年
中国体育
图鉴

李润波 著

CTS 湖南少年儿童出版社·长沙
HUNAN JUVENILE & CHILDREN'S PUBLISHING HOUSE

图书在版编目（CIP）数据

百年中国体育图鉴 / 李润波著 . — 长沙：湖南少年儿童出版社，2024.7
ISBN 978-7-5562-7230-3

Ⅰ.①百… Ⅱ.①李… Ⅲ.①体育运动史 – 中国 – 图集
Ⅳ.① G812.9-64

中国国家版本馆 CIP 数据核字 (2023) 第 151437 号

百年中国体育图鉴

BAINIAN ZHONGGUO TIYU TUJIAN

总 策 划：周　霞　　　　　　　策划编辑：万　伦

总 顾 问：彭元元　　　　　　　责任编辑：万　伦

统　　筹：王　巍　　　　　　　特约编辑：孙　纯

质量总监：阳　梅　　　　　　　封面设计：进　子

营销编辑：罗钢军　　　　　　　版式设计：嘉偉文化 JARL.V CULTURE

出 版 人：刘星保

出版发行：湖南少年儿童出版社

地　　址：湖南省长沙市晚报大道 89 号　　邮　　编：410016

电　　话：0731-82196320

常年法律顾问：湖南崇民律师事务所　　　柳成柱律师

印　　制：长沙新湘诚印刷有限公司

开　　本：787 mm × 1092 mm　1/16　　印　　张：22.5

版　　次：2024 年 7 月第 1 版　　　　印　　次：2024 年 7 月第 1 次印刷

书　　号：ISBN 978-7-5562-7230-3

定　　价：148.00 元

序言
Foreword

用中华体育精神锻造时代新人的精气神

中华体育精神，以"为国争光、无私奉献、科学求实、遵纪守法、团结协作、顽强拼搏"为主要内容，是中国精神的重要组成部分，反映着中国体育的价值导向和文化追求，是中华民族的宝贵精神财富。

青少年是国家的未来、民族的希望，增强青少年体质、促进青少年健康成长，是关系国家和民族未来的大事。中华体育精神对于培养中国青少年的优秀品质具有独特的教育和激励作用。弘扬中华体育精神，不仅有利于激励广大青少年强身健体、启迪智慧、勇于创新、超越自我，树立远大志向、培育美好心灵、塑造美好灵魂，而且对于加强青少年爱国主义教育、弘扬社会主义核心价值观、倡导德智体美劳全面发展、培养担当民族复兴大任的时代新人、早日实现中华民族伟大复兴具有不可估量的意义和价值。

在中华民族源远流长的历史长河中，中华体育精神及体育文化，有着博大精深、丰富多彩的内容，值得深入挖掘、整理、研究、发扬光大。中国体育史，记录着中华体育精神的发展脉络。近百年以来，在新中国成立以前，对中华体育历史资料的收集和研究并不多见。除了屈指可数的几部专著外，其他中国体育的资讯零星散落于当时的各种报刊中。历史的车轮滚滚向前，伴随着当下中华民族伟大复兴的历史进程，中国体育史料收藏事业也得到蓬勃发展，那些深藏在博物馆或者即将湮灭在故纸堆里的珍贵中华体育史料，被独具慧眼的体育文物收藏家们再次收集、整理，重新鲜活起来，焕发出奇异的光彩。

湖南少年儿童出版社出版的这本《百年中国体育图鉴》，就是一部弘扬中华体育精神的优秀著作，图文并茂，内容翔实，时间跨度长，涉猎广，载满精彩的中国体育史料，其中许多珍贵的历史旧影让人惊叹不已。作者李润波老师曾长期担任中国收藏家协会常务理事、书报刊收藏委员会主任，中国新闻史学会常务理事等职务，是中国著名老报刊收藏家，也是通过媒体史料挖掘、整理、研究中国体育历史的知名学者，在中国体育历史方向有着独特的研究成果，为中国的体育史研究工作做出了重要贡献，得到了社会广泛关注。

一张张中国体育历史老照片里，流淌着中华民族生生不息的活力，中华体育精神在其中澎湃奔涌，如滔滔黄河、滚滚长江，历久弥新。

强健的体魄、睿智的头脑，让中华民族在新时代的新征程上砥砺奋进、勇毅前行。用中华体育精神锻造时代新人的精气神，激扬中国青少年的志气、骨气、底气，推进全民健身，建设体育强国，实现民族复兴，《百年中国体育图鉴》，让历史告诉未来！

彭元元

人民网人民体育事业部总监

中华少年强·体育影视新时代工程主任

2024 年 6 月 23 日（国际奥林匹克日）于北京

前言
Preface

　　日常所谓之"体育"，是指通过有规则的运动达到改善人体状况、增强人体综合素质的行为。常见的体育活动种类有娱乐体育、竞技体育、社会体育等，本书所述主要是中国近现代以来的竞技体育和社会体育。竞技体育的基本特征是在划定场地进行，它要求运动员最大限度地发挥其在体格、体能、心理上的运动潜力，以取得最佳成绩。常见的竞技体育项目有田径、体操、篮球、排球、足球、乒乓球、羽毛球、举重、游泳、自行车、武术等。竞技体育不仅能够不断地激发人体潜能，而且具有极强的观赏性。观众在欣赏竞技体育时不仅眼球被其吸引，而且情绪也能被调动起来，热血开始沸腾。此外，竞技体育还能有效地激发人们的爱国热情，因此人们对竞技体育的关注度要高于其他体育活动种类。

　　然而在民国时期和中华人民共和国成立初期，无论是国家还是民间，很少有人对体育史料进行专门收集和研究，以至于我国在体育史研究方面存有很多缺憾。笔者有幸与体育史料收藏结缘，几十年来坚持收藏体育史料不辍，因此有了丰富的体育史料积累。2006—2007 年间，为迎接北京奥运会，笔者利用珍藏的体育史料，编著了《中国体育百年图志》，并在 2008 年北京奥运会前夕如愿出版，社会反响很好。在 2020 年又应中国画报出版社之约，出版了《中国体育史图说（英文版）》，由国家外文局向海外发行，以供世界各国体育爱好者阅读。为满足青少年读者的需求，让更多的青少年了解中国体育发展途中所走过的艰难道路和中国体育取得辉煌成就背后的曲折历程，去年笔者又接受湖南少年儿童出版社的热情邀约，重新整理原来收藏的体育史料，编著了此书。此次编写，比以前有了很大的变化：一是对图片内容进行了重新组合和调整，并采用进口扫描仪重新扫描得到这些图片，使所应用的图片更有逻辑性且清晰度更高；二是对文字内容进行了精简，让读者尽可能多去欣赏图片；三是增加了近十年间收集到的珍贵图片和照片，特别是1940年晋察冀军区第一军分区体育比赛的原始照片、清末至民国时期《东方杂志》《教育杂志》上刊登的老照片等，这些都是罕见的文物级藏品，从而使这本书的内涵更加充实。但本书旨在让青少年一览中国体育发展的脉络，因而在有些章节只将各个时期涌现出的最突出的运动员作了简要介绍，对于具体竞赛内容没有作过多表述。

本书分五个章节：第一章是对中国体育史的概述，介绍几千年中国体育活动延续和传承的历程；第二章是中国近代体育，主要介绍清末至民国时期的体育赛事；第三章是令人振奋的中国现代体育，这个时期中华人民共和国举办或参与的部分体育活动和取得的成果，证实我国体育发展路线的正确性；第四章是当代体坛精英扫描，介绍中华人民共和国成立以来，我国在奥运会上获得冠军和打破世界纪录的人物；第五章是当代社会体育一瞥，通过当代各地开展的群众性体育状况，见证我国人民体育生活的全新面貌。

鉴于当代中国体育成绩之多、明星之众、因本书篇幅有限，难免挂一漏万，殊感遗憾，特拟在日后单独编著一部《当代体坛之星》，故本书第四章仅选择性展示中华人民共和国成立以来，部分打破世界纪录和国家纪录的运动健将和2008年北京奥运会及之前的部分奥运冠军的珍贵镜头，旨在让当代及今后一个历史时期的广大读者，牢记中国运动员曾经不畏艰难、英勇拼搏、为国争光的英雄事迹，激励广大青少年奋发图强，以实际行动报效祖国。

李润波

2024 年 5 月 28 日

目录
Contents

第一章

源远流长——中国体育史概述

中国是一个文明古国，有着悠久的体育史。体育是社会文化的重要组成部分，它的发展离不开社会、政治、经济的发展和整体文化的进步。人类最初的体育运动与劳动息息相关，人类在获取食物和抵御猛兽的进攻中自然要做出必要动作，这种运动多具搏击性，娱乐性运动只占一小部分。

中国体育发展纵览

人类最初的体育运动与劳动息息相关。人类为进行渔猎食物和抵御猛兽的进攻而有体育运动的发生，故古代体育多具搏击性，娱乐性运动只占一小部分。

1. 舞蹈

原始人类同现代人类一样，受着生理规律的支配，为表达某种情绪，常以一些肢体屈伸动作调节生理上的需求。在长期的生活实践中，随着智力的发展，智者认识到某些"本能"的肢体活动对人的身心有好处，便根据这些活动姿势整理出一种有规律的运动。这种满足身心需求的运动姿势，古籍中称之为"舞"。古人所谓："咏歌之不足，不知手之舞之足之蹈之也。"（汉代流传下来的《毛诗序》）

据古代文献记载，大约在帝尧时期，曾连续多年发大水。人们不得不挤簇在山洞里或巢居树枝上，缺少必要的身体活动，再加上阴冷潮湿的空气，导致筋骨受寒，双腿肿胀（关节炎）给人们带来了极大痛苦。有个叫阴康氏的人，经长期观察，创造出一套活动肢体的健身操，通过身体活动减轻人的病痛，这就是上古时期流传的"消肿舞"。进入封建社会，皇家贵族为表达富贵，时常举办各种类型的舞蹈活动，舞蹈至此成为令人赏心悦目的文艺项目，青海省大通县出土的新石器时代的陶器上，就绘有简易舞蹈图。

▲ 青海省大通县出土的新石器时代的陶器

2. 摔跤

摔跤产生于原始社会。当时在今天河北一带的民间常开展一种叫作"蚩尤戏"的运动。蚩尤部落是炎黄时期的一个大族群，崇尚武力，凶残强悍，蚩尤常令手下军卒装扮成野牛模样，头顶牛角一类的坚硬器具，三三两两地相抵、争斗。秦汉时这种游戏发展为"角抵"。角，就是角力的意思；抵是相互抵触、顶撞的意思。南北朝至两宋时类似游戏被称作"相扑""争交""掼交"等，民间称其为"争跤"，直至近代才统称"摔跤"。摔跤是一项斗智斗勇的激烈运动，通常是双方直面对抗，徒手进行较量，既要把对方摔倒，又要尽量使自己保持稳定。古代帝王对摔跤也很重视：秦始皇在军队中推行摔跤，以强壮兵士；汉武帝时期，摔跤不止在军中，在社会也广泛推行；唐朝懿宗皇帝李漼，甚至专门组织一支御用摔跤队，取名为"相扑朋"，供皇室平日观赏、取乐。据宋代《角力记》记载，唐代末期有一个终身以摔跤为业的职业摔跤家，号称"蒙万赢"，十四五岁时就"拳手轻捷，擅场多胜"，后来技艺日趋成熟、精湛，比赛时经常获胜，赢得奖赏，"万赢"的称号就由此而来，他的真名反倒不为人们所记了。元、明、清诸朝，均继承前朝崇尚摔跤的风气。尤其清代，善于摔跤的满族人入主中原，他们常把摔跤当作日常娱乐活动，宫廷内大殿前也常组织摔跤。

当今在世界各地流行的摔跤大约有 30 种，而被列入奥运会项目的只有两种，即自由式、古典式。

3. 武术

古代武术是传统体育的基础，主要由肢体出击动作中的踢、打、摔、跌、拿及器械出击动作中的劈、砍、击、刺、扎等攻防格斗动作组成，包括"技击"和"套路"两种形式。技击是双方以徒手或持械方式进行对决，这是一种具有实践意义的对抗赛项目；套路是由攻防体系中的单个动作连接起来编组而成的具有完整结构的表演形式。

武术的起源可以追溯到原始社会。那时，人类已能用棍棒等原始工具做武器，与野兽战斗自卫，进而取得生活资料。当人们能有意识地、自觉地练习和运用这些战斗动作时，"武术"就开始萌芽了。在战争中，刀枪并举的格斗，更是武术发挥作用的实际用场，《三国演义》《水浒传》《说岳全传》等古代名著中，常出现面对面格斗场面，而且征战者的每个格斗动作有时被描绘得很逼真，汉代画像砖（石）、魏晋壁画中也有不少描绘了这样的场景。射箭是古代武术中最具代表性也最普遍的运动形式，它的发展源于人们在战争和围猎时对增加效益的需要。

▲ 河南出土的汉画像砖拓片

▲ 徐州出土的汉画像石原石（残件）：百戏图

▲ 徐州出土的汉画像石（残件）：出行图

▲ 山东出土的汉画像石：狩猎画像

▲ 四川出土的汉画像砖：荷塘渔猎

▲ 唐李寿墓彩绘壁画

▲ 甘肃嘉峪关出土的魏晋时期墓室彩绘画像砖

▲ 甘肃嘉峪关出土的魏晋时期墓室彩绘画像砖

▲ 集安古墓壁画：交絷合战

唐代是我国封建社会的经济繁荣时期，也是武术的兴盛时期，唐代开始实行武举制。

宋代，我国武术已臻于成熟。朝廷集天下精兵于京师，组成了数量庞大的禁军。军队中颁布了"教法格并图像"，野战格斗以及使用器械的技术有了明确规格，军士必须背诵规定的口诀，以便严格按照规格训练，掌握技术要领。

宋代以后，随着火器在军中的广泛应用，冷兵器在战争中的重要性逐渐降低，但武术运动并没有因军事上的变化而消亡，它演化成为一种自卫健身的体育运动项目。

明清时期武术已经有流派产生，有"南派""北派"之别，还有以门类划分的"少林门""太极门""八卦门""形意门"以及长拳、短打等不同风格的派别，这些都标志着武术已经发展到了一个崭新阶段。

中华人民共和国成立后，中国武术经历了几十年的大融合发展。当代武术，既保留了原有的流派特征，流派之间经过互相取长补短、有机糅合，呈现了异彩纷呈的新局面。在组织协调和管理上，中国武术协会原主席、中国武术研究院原院长、国际武术联合会原秘书长张耀庭的作用颇为显著。改革开放初期，张耀庭在著名的武术之乡河南省登封县主持工作。他主持做了两件有关武术的大事。第一件是完善少林寺设施，体恤僧侣生活。第二件是参与、支持拍摄电影《少林寺》，并借此推广少林武术。他任职登封期间，恰逢香港的电影制片公司因拍摄武打影片《少林寺》入住登封。张耀庭作为东道主，动员一切可以使用的资源支持这部武打片的拍摄工作，最终影片获得了巨大成功，全球各地争相放映，世界华人也为之振奋。电影《少林寺》所产生的影响远远超越了武打片的范畴，极大地扩大了武术在世界上的影响力。后来，国内涌现出一些专职从事武术报道的记者，使武术宣传常态化。张耀庭心系武术，几次建言中央有关领导进一步关注国粹武术，呼吁社会各方支持武术，甚至退休之后依然如此。1997 年由他担任主编的《中国武术史》由人民体育出版社出版。除了张耀庭，当代为中国武术的传承和宣传做过贡献的人还有很多。

4. 杂技

　　杂技是传统体育中最具观赏价值的项目。杂技是表演技艺，许多项目都需要高难度身体技巧，其中一些动作逐步演化为现代体育的竞技项目，如技巧、体操、举重、单杠等。杂技最早见之于史料的项目叫"弄丸"，即用双手将 7 至 9 个陶丸连续抛接，类同现在的杂耍。汉代杂技进一步发展，民间到处都有杂技表演活动。从近现代出土的汉画像砖和画像石可以看出，当时的杂技动作已经难度很高，而且这样的活动很普遍。主要项目有爬竿、走索、倒立、翻筋斗、中幡、斗牛等。戏车，就是在奔跑的马车上表演爬竿、走索、倒立等动作，是难度非常高、危险系数非常大的项目。

▲ 徐州出土的汉画像石：乌获扛鼎

▲ 四川出土的汉画像砖拓片：七盘舞

▲ 四川出土的汉画像砖拓片：丸剑宴舞

▲ 河南新野出土的汉画像砖：斜索戏车

5. 足球

足球是各国都十分流行的竞技运动。足球在战国时谓之蹋鞠，汉以后称蹴鞠。"蹴"，意为脚踢；"鞠"，即皮球，是用兽皮缝制的。考古发现，在三千多年前就已有类似足球的游戏——蹴鞠舞。战国时期，蹴鞠在民间和军队中流行起来。那时已发展成两队以一定行列进行踢球竞赛的形式，而球则是用皮革缝制的内充毛发的圆球。《史记》记载，战国政治家苏秦就曾把踢球作为国家繁荣昌盛的标志。蹴鞠源自民间，《西京杂记》载："太上皇徙长安，居深宫，凄怆不乐。高祖窃因左右问其故，以平生所好，皆屠贩少年，酤酒卖饼，斗鸡蹴鞠，以此为欢。今皆无此，故以不乐。"就是说，刘邦之父进入深宫之后，非常寂寞，很想玩民间的那些游戏。刘邦知道后，立即请来父辈的故旧球友，在宫里玩起蹴鞠等游戏。

到汉武帝时，人们把足球作为体育运动，武帝每游观一地，必举行"弋猎、射驭、蹴鞠"等体育比赛，为了制造热烈气氛，还让

▲ 河南出土的汉画像石拓片局部

壮汉在外围击鼓助威。一次，汉武帝看到西域蹴鞠技术高妙，于是请这些高手为教练，并引到西京长安训练球队。古籍《弹棋经序》载："昔汉武帝平西域，得胡人善蹴鞠者，盖炫其便捷跳跃，帝好而为之。"皇帝好球，王公大臣纷纷效仿，以至于汉宫内外，蹴鞠成风。汉代初期还出现了一部专门论述踢球的著作《蹴鞠新书》，共有25篇，可谓世界最早的一部足球专著。唐代经济、文化兴旺发达，"鞠"也有了新的发展，由原来外包皮革内充毛发的实心球变为充气的八片皮革缝制球，即外用八片皮革缝制表壳，内用动物的膀胱充气而成。唐人仲无颇写过一篇《气球赋》可以佐证："气之为球，合而成质。俾腾跃而攸利，在吹虚而取实。尽心规矩，初因方而致圆，假手弥缝，终使满而不溢……"这篇短赋将充气足球的优点和制作方法都做了介绍。球门也由汉代的"鞠域""鞠室"，发展为挂网的球门，即在球场两端各插两根柱子，在柱子之间拉一张网。比赛的规则由汉代的每队12人改为6人，双方都设一个守门人，同现代足球比赛更为接近。在我国古代体育史上，充气球和挂网球门的出现比西方国家早了一千多年。唐代蹴鞠发展为马球，打马球成为时尚。唐代还流行一种不设球门的，由一个人单独进行颠球，或数人对踢、轮踢的蹴鞠游戏。据史料记载，当时一些蹴鞠高手单独进行蹴鞠表演时，除用双足熟练地踢球外，还能用头、肩、背、臀、胸、膝等部位颠球，有时球"高及半塔"，有时球"上下翻飞而不落地"；有时球"起伏于身，前后滚动""瞻之在前，忽焉在后"，令人叫绝。多人轮踢有各种专门名称，如3人轮踢称"转花枝"，4人轮踢叫"流星赶月"，人数最多的8人轮踢称"八仙过海"。球技高超者，一人能同数人对踢，并可踢出多种姿势。

宋代盛行一种只设一个球门的足球赛。在球场的中央，竖两根

▲ 唐章怀太子李贤墓彩绘壁画：马球图

◀ 敦煌 17 窟壁画中展示了一女子打完马球的
场景

▲ 元代绘画：《宋太祖蹴鞠图》

长三丈多（约10米）的木柱，两柱间拉一张网，网的上段有一个直径三尺左右（约1米）的圆洞称为"风流洞"，双方队员就站在网的两侧。一方开球后，先由一般队员将球调整后传给"次球头"，再由他将球踢给"球头"射门。球射过"风流洞"，对方接球后若能再通过这个球门洞把球踢回去，即为胜一球，反之为败。《水浒传》里的高俅发迹一段，即对当时宋代蹴鞠做出了详细描述。传统名画中的《宋太祖蹴鞠图》，则折射出宋代蹴鞠之盛。

6. 田径

田径包括跑、跳、掷。"跑"也写作走、趋、奔；"跳"也称踊、逾高、超远、超距，即跳高和跳远；"掷"就是投掷。这些都是人类生活的基本能力。

跑 古代曾有许多超乎寻常的长跑能手，如西周"令鼎"铭文记载，周王率领臣下和奴隶到淇田场春种，农事完毕又进行射箭比赛，在返回王宫时，有一个叫令的小官吏和一个

▲ 汉画像砖拓片

叫奋的奴隶作为护卫跟着周王马车，正行进时周王忽然说："令和奋，你们两人如果能跟上马车跑回宫中，我赏赐你们十家奴隶。"周王的驭手奴仆就快速驱马奔驰，令和奋紧跟不舍，直到王宫。周王如约赏赐，令人铸了一个鼎，把事情经过铭铸在鼎上。这个故事，说明令和奋是出色的长跑能手。在汉画像砖中也有令和奋在跟随马车奔跑的图像。

战国大军事家孙武被吴王阖闾聘为军师，他特别重视军兵长跑训练，命令士卒穿全副甲胄，拿作战武器，急行军百里才准宿营。通过一段时间训练，他选拔了三千名长跑者组成先锋队，进攻楚国。由于攻其不备，很快占领了楚国首都郢城。

秦汉以后，步兵仍是军队作战的主要兵种，主要是短距离突击，所以在跑的训练上就偏重于短跑训练。戚继光在《纪效新书》中写道："如古人足囊以沙，渐渐加之，临敌去沙，自然轻便，是练足之力。"古人训练会将沙袋绑在腿上，这种方法现在仍为田径教练所采用。民间日常坚持跑步的情况在当时肯定存在，但文字难以记述，而在擅长记录民间生活百态的汉画像砖中却有发现。

元末明初人陶宗仪在他所著的《南村辍耕录》中说，元代有一种长跑比赛叫贵由赤（蒙语，长跑之意）。"贵由赤者，快行是也，每岁一试之，名曰放走……在大都，则自河西务起程；若上都，

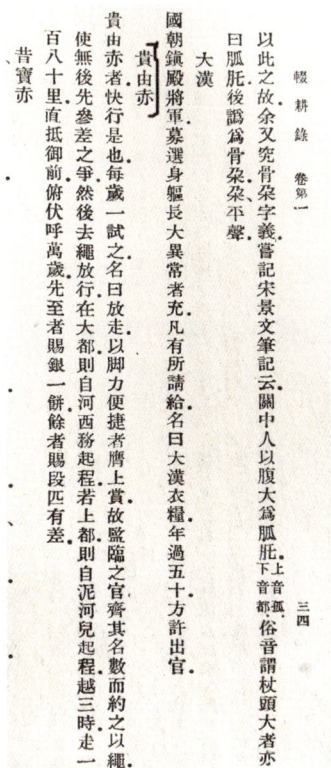

▲《南村辍耕录》记载中国长跑运动项目——贵由赤

则自泥河儿起程。越三时，走一百八十里，直抵御前，俯伏呼万岁……"古代一天是 12 时辰，三时即现在的 6 小时。

最先到达的前三名被视为优胜，披红戴绿，由皇家授以奖品。第一名奖银锭；第二名奖绸缎四匹；第三名奖绸缎三匹；第四名以后只记姓名。凡合格者，均发"纪念奖"（一匹绸缎）。"贵由赤"这种超长距离的越野跑，在世界体育史上也是罕见的。

跳 战国时期，战争的防御设施已有了城堡壕沟，在攻城夺寨战斗中，攻城者必须具有越过壕沟的跳跃能力。《左传》上记叙了这样一件事：吴王夫差想称霸中原，于公元前 487 年率兵北上攻打鲁国，军队驻扎在泗水边上。鲁国的大夫微虎认为应当趁吴兵立足未稳，攻其不备，以挫败吴兵锐气。但鲁君不听建议，于是微虎便挑选自己的家兵组建了一支突击队。挑选时他先在庭院设下三道障碍，凡能连续跳过者才能入选。结果在 700 名家兵中挑选了 300 人。

唐代军队，也重视跳跃能力的训练。《太白阴经》记载："逾越城堡，出入庐舍而亡形迹者，上赏得而聚之，名曰矫捷之士。"这说明，跳跃作为一种军事训练项目，受到历代军事家的重视。

掷 投掷在古代也是一种作战的技能。《范蠡兵法》记载，战国时候发明了一种投石机，可以把"重十二斤"的石头掷出"二百步"。石头是作战的武器，投石当然就是一种作战的本领了。《史记》中记载，公元前 224 年，秦楚之战，秦国大将王翦带 60 万大军，驻扎天中山，连营十余里，坚壁固守，不与楚军作战，兵士每天练习"投石、超距"，一连数十日，楚军士气低落，身体疲倦，秦军的作战能力却大大地提高。这一次会战秦军全歼了楚军。

从以上史料可以看出，我国古代的田径运动，是作为一种军事技能训练而开展的。这与西欧在竞技场上的田径运动完全不同。

7. 棋类

棋类竞技也由来已久，新疆出土的唐代帛画弈棋彩绘图就是很好的例证。围棋起源于东周，并在东周末开始流行，战国逐渐盛行。后经 400 年的发展和提高，到三国时期基本定型。魏晋南北朝时期，不少的帝王和文人学士喜欢下围棋。南朝的梁武帝曾大力提倡围棋，举行全国比赛，给围棋定品格，当时弈者中还有不少妇女和少年儿童。

唐宋时期，围棋盘已发展成 17 道 289 粒子，同现在的 19 道 361 粒子很接近。唐代举国都喜欢下围棋，在皇宫里设有陪他们下围棋的官职，叫作"棋待诏"。当时最著名的"国手"有两人，一是唐玄宗时的王积薪，另外一个是唐宣宗时的顾师言。围棋传入朝鲜、日本约在南北朝期间。

象棋更是大众喜爱的项目。山西洪洞水神庙壁画中也有一幅元代彩绘，画面中可以看出象棋对弈者非常出神。

▲ 新疆出土的唐代帛画弈棋彩绘图

▲ 山西洪洞广胜寺水神庙元代彩绘壁画：弈棋图

文献记载，在战国时代已有象棋之名。汉代刘向《说苑·善说篇》就有"斗象棋而舞郑女"的记载，说的是战国时齐国的孟尝君常喜欢在宴会中举行"斗象棋"比赛。唐代，象棋已很盛行，唐人把下棋称作"象戏行马"。当时象棋有将、马、车、卒等兵种。后来由于火药的发明，两军对垒时增加了火炮，中国象棋受其影响增加了"炮"这一棋子。北宋象棋在兵种上增加了"偏""裨"二将，但兵卒的走法和现代象棋略有不同，当时兵卒过河后可斜行。北宋理学家程颢有诗云："大都博弈皆戏剧，象戏翻能学用兵。车马尚存周战法，偏裨兼备汉官名。中权八面将军重，河外尖斜步卒轻。却凭纹楸聊自笑，雄如刘项亦闲争。"后来，"偏、裨"改称"士、象"。走法同如今流行的象棋基本一样了。南宋江湖派大诗人刘克庄还参加象棋擂台赛，他曾写了一首长诗《象弈一首呈叶潜仲》，把象棋的妙境写得有声有色。明清时，象棋已成为妇孺皆知的文化娱乐项目了，从帝王将相、文人墨客到黎民百姓，无不以棋为茶余饭后的娱乐活动。那时的和尚、道士，对象棋更是入迷，如纪昀《阅微草堂笔记》中说："……中一道士酷嗜好此（象棋），因共以棋道士呼之，其本姓名乃转隐。一日，从兄方洲入所居，见几上置一局，止三十一子……忽闻窗外喘息声，视之，乃二人四手相持，共夺一子，力竭并蹲也。"晚清《点石斋画报》上也刊登一幅图文，名叫《棋迷》，说是有两人正在下棋，征战正酣之际，一盗贼入室行窃，闻棋声而蹑至，在一旁观看，关键一步棋一方失手，盗贼连呼"臭棋"，方引起主人注意，经盘问暴露身份，被执入巡捕房。

无产阶级革命家周恩来、朱德、董必武等人都爱下象棋，在延安时，当时军民联合举行了一次象棋比赛，董必武荣登冠军宝座，周恩来荣获亚军。1940年夏，周恩来在重庆时，还特地拜访了棋王谢侠逊，并下了两局棋，步法精彩，引人入胜，其中的一局棋选登在当时的《大公报》上。

象棋在我国有深厚的群众基础，是最普及的群体项目之一。

8. 游泳

我国古代游泳也称"泅"。"泳"为潜水，"游"则是浮在水上移动。

战国时期，列国争雄，战事连年，游泳便成了军事训练的重要内容。春秋初期齐国的大臣管仲，为防吴越从水上偷袭进犯，而悬赏鼓励百姓游泳，然后从中精选水性好的年轻人，组织一支5万人的水师来对付吴越。

除了游泳之外，我国古代还有一些水上游戏，称为"水戏"。水戏盛行于五代，其动作类似现代的跳水。方法是，水面停着两只画船，船头上立着秋千架，表演者踏上秋千架后，用力摆荡，当身体与架子的横档齐高时，即蹬离秋千，凌空翻一个筋斗"掷身入水"。游泳是人类在与自然做斗争中摸索出来的技能，在古代很受欢迎，只是古籍中记录不多，在莫高窟420号窟窟顶东坡现存有游泳图。西藏布达拉宫是一座宫堡式建筑群，位于拉萨市区西北的玛布日山上，最初是盛唐时吐蕃王朝赞普松赞干布为迎娶文成公主而兴建。17世纪重建后，其内壁满绘壁画，

▲ 莫高窟420号窟窟顶东坡现存的游泳图

▲ 西藏布达拉宫彩绘壁画

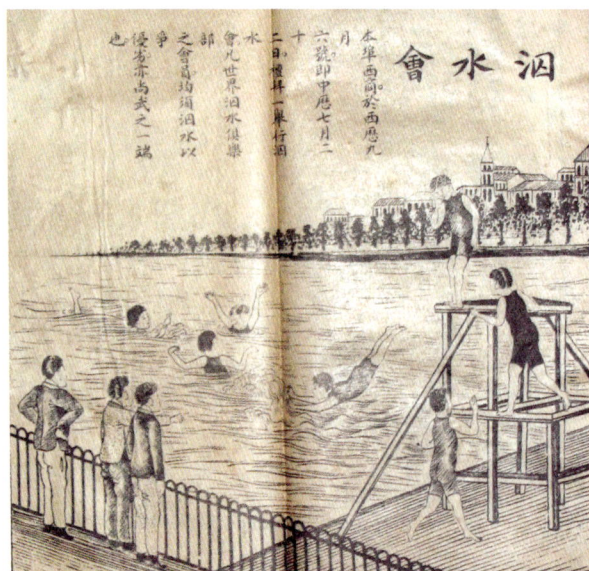

◀ 宣统元年（1909年）上海《图画日报》刊登上海租界举行的游泳运动会图画

其中就有游泳类图画。晚清上海画报上也时常刊载西方引进的"游泳"比赛场面。

9. 举重

在古代，举重是作为一种比武和健身的手段。古人常通过扛鼎、翘关（关为分量很重的城门栓）、舞大刀（约 120 斤）、举石等手段来表现自己的非凡力量。据《歙县图经》载，在唐德宗时，绩溪县太微村汪节，自幼习武，每日举石担、甩石锁，练就一身好力气，无人与之匹敌，被朝廷请去当了禁军，后又被提拔为"神策将军"。唐代，朝廷为巩固统治，增强国力，抵抗外族入侵，制定了武举科目，通过举石、扛鼎、射箭等体育项目的考试，选拔力气大、武艺高强的武士做武官，并授以"猛殿之士""矫健之士"等相应称号。

▲ 西藏布达拉宫彩绘壁画：举石

因武举制度的推行，民间练举石担、甩石锁、举鼎、舞大刀的青年骤然增多。乾隆年间重建的西藏布达拉宫红宫的壁画中就有举石的壁画。

10. 太极拳

太极拳属于武术范畴，在后来的发展过程中又因在医疗、健身方面作用突出，而自成体系。在我国，太极学说流传已有两千年历史，但太极拳的形成主流学说认为在明代。创于陈卜，成于陈王廷。陈卜原籍山西泽州郡（今晋城）东土河村，后迁山西洪洞县。明洪武五年（1372 年），又被迫迁至怀庆府（今河南沁阳）一带。他和其他移民一道，割去了荆棘野草，筑土为墙，结草为舍。因陈卜为人忠厚，又略精拳械，深为乡民敬重，故将其新立的新村，呼为"陈卜庄"，即今河南省焦作市温县北冷乡的陈卜庄。沿传八世到明末崇祯至清康熙年间时，第九世孙陈王廷（1600—1680）研究出一套强身健体的太极拳式。陈王廷是明末一员战将，武艺高强，受戚继光和程宗猷等著名武术家提倡的武术套路影响，兼采各家拳法之长，将导引和吐纳术渗入到武术锻炼之中。连少林寺武僧也于此时开始兼习"易筋经"强身功法，出现了"内外交修之旨，身心两修之功"的少林拳体系（见 1915 年版《少林拳术秘诀》）。陈王廷于晚年着手创编拳架。据《陈氏拳械谱》介绍，陈王廷所造拳架共 7 套，包括有太极拳（一名十三式）五路、长拳一百零八式一路、炮捶一路。在陈王廷所造拳架中，有二十九式来源于戚继光综合古今十六家拳法编成的《拳经》套路。此外，在《陈氏拳械谱》中，还有"红拳""盘罗棒"等谱，以及"古刹登出少林寺"这样的语句。这说明陈王廷是在总结民间和军队中流行拳法的基础上，取众家之长编创出太极拳早期拳架的。

陈氏第十四世孙陈长兴仍习陈王廷所传的第一路太极拳和炮捶（后人称老架）。有族人陈有本开始减少老架中难度较大的动作，称作新架太极拳，陈家沟人称之为"略"。陈有本教族侄陈清平（1795—1868）学拳，并派他去赵堡镇教拳。陈清平把新架改成一套小巧紧凑，动作缓慢，熟练

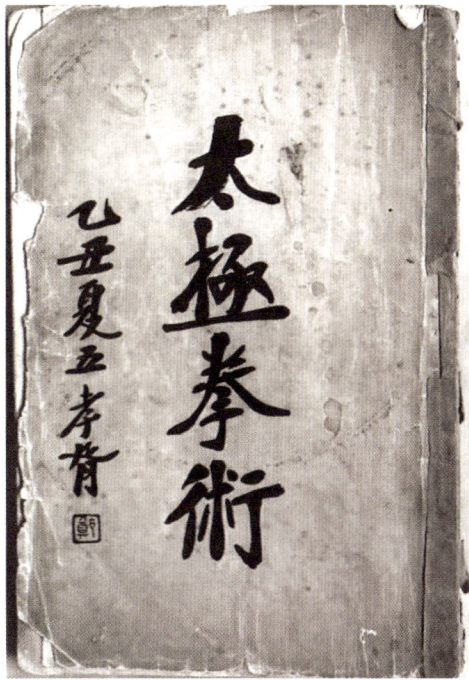

▲ 1925 年出版的《太极拳术》，陈氏太极传人陈微明著

后全身都在转圈的架式，称作"赵堡架"，陈家沟人称之为"圈"。从此，陈家沟太极拳有三种架式。1925 年，陈氏太极传人陈微明编著的《太极拳术》是集陈氏太极之大成者。

直隶省广平府（今河北省邯郸永年区）人杨露禅（1799—1872），10 岁时被卖于陈家沟陈姓富户为仆，侍候拳师陈长兴。后经拳师指点，拳艺进步很快。30 年后，陈长兴拳师将杨露禅当年的卖身契烧毁，并赠银五十两，让他回家乡。临行前，陈长兴对杨露禅说："凭汝练成一身武艺，今后不愁衣食了。"杨露禅回到广平府后，每日习拳不断，功夫加深。当地有武禹襄兄弟三人，自幼爱练武术，向杨露禅学习太极拳。武禹襄之兄在北京做官，介绍杨露禅去北京端王府教拳。因杨露禅功夫好，清廷王公贝勒争相延聘，又任旗营武术教官，得五品官衔。杨露禅为了方便年老

体弱者练拳，将拳式改为不纵不跳、速度均匀、舒展大方的拳套。后经其儿子杨健侯（1839—1917）、孙子杨澄甫（1883—1936）一再修订定型，成为近代著名的杨式太极拳。其拳式流传很广，主要是他的拳式具有医疗保健作用。

中华人民共和国成立后，国家体委武术科根据杨式太极拳改编成"简化太极拳"二十四式，大力推行。近年来，有些地区开始了循经太极公益福利推广和循经太极拳运动体系健康功法宣传，主要内容以《循经太极拳二十四式教学大纲》为普传要点，包括循经太极二十四式、太极基础功法小炼形第一洞天十式、玉环桩和太极扇等集体活动项目。

11. 滑冰

我国北方的少数民族，生活在寒冷地区，很早就开展了滑雪、滑冰活动。《隋书》载："南室韦北行十一日至北室韦……地多积雪，惧陷坑阱，骑木而行。"《新唐书》载："……产良马，俗嗜猎射，乘木逐鹿冰上。"又载："……俗乘木马驰冰上，以板藉足，屈木支腋，蹴辄百步，势迅激。"这里说的骑木、乘木、乘木马，都是指利用原始滑雪板滑冰雪。清皇室祖先世居长白山，狩猎是他们生活的一部分。所以他们不仅长于骑射，而且也长于滑雪滑冰，并用之于战斗。

清太祖努尔哈赤的大将费古烈，曾靠滑冰"日夜行七百里"，战胜敌军。清皇室入主中原以后，还继续以滑冰作为训练部队的内容，每年在太液池进行一次滑冰检阅。《日下旧闻考》记载："太液池冬月表演冰嬉，习劳行赏，以阅武事，而修国俗。"乾隆皇帝爱新觉罗·弘历的诗也说，"冰嬉仍寓诘戎训"。这都是说清

▲《冰嬉图》局部（清代）

皇室曾经以滑冰作为军事训练项目之一，太液池的冰嬉就是保持了这种训练制度。但是山海关以内的天气并不太寒冷，作战也用不着滑冰，所以清皇室一年一度的太液池冰嬉，实际上是一种娱乐活动了。现藏故宫博物院的《冰嬉图》由乾隆时宫廷画师张为邦、姚文瀚、福隆安等合绘，是极为珍贵的文物，其主要画面所显示的是花样滑冰和杂技滑冰。花样滑冰的动作有大蝎子、金鸡独立、哪吒探海、双飞燕等。杂技滑冰有射箭、爬竿、翻杠子、飞叉、耍刀、使棒等，并在竿上、杠上、肩上、臂上表演倒立或扯旗等动作。

清代的冰嬉仅限于皇室嫡系部队的八旗兵。清《文献通考》载："冰嬉，每年十月，咨八旗及前锋统领、护军统领等处，每旗照定数各挑选善走冰者二百名，内务府预备冰鞋、行头、弓箭、球架等项。"每旗选 200 名代表，加上前锋及护军统领，共是 2000 名，场面是相当壮观的。清代的滑冰已开始用冰鞋，并有单刀、双刀之分。《燕京岁时记》中提到："国俗有冰嬉者，护膝以韦，牢鞋用韦。或底合双齿，使啮凌而人不蹭焉，或荐铁如刀，使践冰而步逾疾焉。"双齿的冰刀取其稳固，单齿的冰刀取其速度。花样滑冰及杂技滑冰，是按动作难度、技术熟练程度来评等级奖励的。表演毕，头等三名赏银十两，二等三名赏银八两，三等三名赏银六两，其余兵丁各赏银四两。

除去花样滑冰之外，早期也出现过速度滑冰。潘荣陛《帝京岁时纪胜》载："太液池之五龙亭前，中海之水云榭前，寒冬冰冻……冰上滑擦者所著之履皆有铁齿，流行冰上如星驰电掣，争先夺标取胜，名曰溜冰。"

《清代北京竹枝词》中，有一首描写初学滑冰摔倒的诗："往来冰上走如风，鞋底钢条制造工。跌倒人前成一笑，头南脚北手西东。"语虽嘲谑，但反映了人们学习滑冰的热情。也有思想陈旧者，看到冰上男男女女在一起滑冰、坐冰车，觉得看不下去，在媒体上发文批评，清末《北京白话画图日报》就刊有一图文"太不雅观"，图文内容可代表当时一些人的观点。

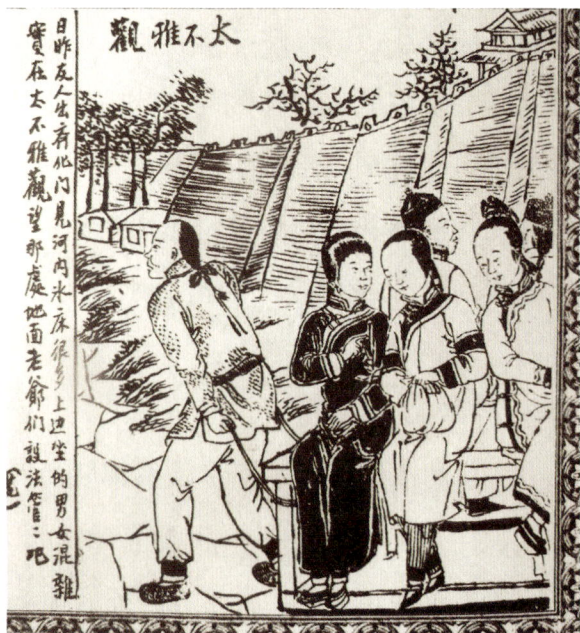

▲ 清末《北京白话画图日报》刊图文"太不雅观"

12. 投壶

投壶是把箭向壶里投,投中多的为胜,负者照规定的杯数喝酒。

投壶既是一种礼仪,又是一种游戏。《礼记》《大戴礼记》都有《投壶》篇专门记述。投壶礼举行时,宾主双方轮流以无镞之矢投于壶中,每人四矢,多中者为胜,负方饮酒作罚。《左传·昭公十二年》载:"晋侯以齐侯宴,中行穆子相。投壶,晋侯先。"在两国诸侯宴饮中也举行投壶,可见,投壶在春秋时代已成为一种正规礼仪。

春秋战国时期,诸侯宴请宾客时的礼仪之一就是请客人射箭。那时,成年男子不会射箭被视为耻辱,主人请客人射箭,客人是不能推辞的。后来,有的客人确实不会射箭,就用箭投酒壶代替。久而久之,投壶就代替了射箭,成为宴饮时的一种游戏。

《礼记·投壶》中说:"投壶者,主人与客燕饮讲论才艺之礼也。"秦汉以后,投壶在士大夫阶层中盛行不衰,每逢宴饮,必有投壶节目助兴。在流传过程中,游戏的难度增加了,不仅产生了许多新名目,还有人别出心裁在壶外设置屏风盲投,或背坐反投。秦汉以后废除了射礼,投壶便成为一种宴宾的娱乐。南阳汉画像石中有《投壶图》,图中间是主宾两人对坐投壶,旁有侍者观看。据《东观汉记》记载,东汉的大将祭遵,他"取士皆用儒术,对酒娱乐,必雅歌投壶"。

▲ 古代投壶运动

投壶和雅歌连在一起，成为儒士生活的特征。汉代的投壶方法较之春秋战国时期有极大改进。原来的投壶是在壶中装满红小豆，使投入的箭杆不会跃出。汉代不在壶中装红小豆，把投壶用的箭改为竹制箭，弹力加强，可使箭杆跃出，抓住重投；《西京杂记》载，汉武帝时有郭舍人善投壶，可以"一矢百余反"，"每为武帝投壶，辄赐金帛"。魏晋时也流行投壶，晋代在广泛开展投壶活动中，对投壶的壶也有所改进，即在壶口两旁增添两耳。因此在投壶的花式上就多了许多名目，如"依耳""贯耳""倒耳""连中""全壶"等。投壶一直盛行于唐朝。

宋元时期，投壶仍在士大夫中盛行。宋代大儒司马光对投壶有悖于古礼而逐步娱乐化的趋势颇为不满。他根据封建礼节对投壶做了全面的总结，竭力使其达到教育目的。他说："投壶可以治心，可以修身，可以为国，可以观人。何以言之？夫投壶者不使之过，亦不使之不及，所以为中也。不使之偏波流散，所以为正也。中正，道之根底也。"他还对投壶的名称和计分规则，以"礼"的眼光，做了修改，使投壶染上了政治色彩。司马光更定的新格即《投壶新格》一卷，作于宋神宗熙宁五年（1072 年）。在投壶结果命名上，司马光定有"有初"（第一箭入壶者）、"连中"（第二箭连中）、"贯耳"（投入壶耳）、"散箭"（第一箭不入壶，第二箭起投入者）、"全壶"（箭箭皆中）、"有终"（末箭入壶者）、"骁箭"（投入壶中之箭反跃出来，接着又投入壶中者）等。

宋代卢钺曾赋诗一首，道出投壶意义：

离骚课罢便投壶，长日身心得自娱。
多少论筹闲殿最，始终中节定工夫。

　　明代投壶并未拘泥旧法，而是随着社会发展日益繁盛，进入新的发展阶段。明代也有不少投壶著述。如明末王向编著的《投壶奏矢》称，当时投法有 140 种之多，女子投壶也成为时尚。

　　到了清朝，投壶日趋衰落。不过，到清朝末年宫中也还在流传。如今，北京中山公园内还有一个十字形亭子，叫"投壶亭"。公园还保存了 6 个古代铜质投壶，这大都是清朝皇帝的遗物。

　　投壶几经演变，流传了两千多年，极为兴盛，士大夫们玩得热火朝天。之所以如此，首先因为投壶是一种雅致的娱乐，顺应时人的生活方式。其次，这种娱乐本身可以修身养性，并有健身作用。

▲ 汉画像石拓片：投壶

近代西方竞技体育项目的输入

1860年以后，外国传教士大批进入中国，外国教会设立的书院，大多都有固定运动场地，并在课外开展田径和球类等运动，有体育组织或运动代表队，并经常组织以田径、球类为主的校级运动会。北京汇文书院1895年就有了棒球队，1901年成立了足球队。北京大学、上海圣约翰大学也组织了足球队。1905年，圣约翰大学还参加了在苏州举行的有东吴大学等学校参加的"联合运动会"。

基督教青年会1895年就在福州的英华书院建立了一个国际性的教会组织，在这个组织的影响下，后来许多教会学校都建立了青年会。1908年后，一批担任基督教青年会干事的体育专家纷纷来华，到上海、北京、天津、长沙等地任职，推动了青年会体育发展。基督教青年会从事的体育活动一是引进西方体育运动（如篮球和排球等），二是组织早期的运动竞赛，三是培训体育专业人员。基督教青年会在中国各地先后多次举办体育干事培训班，讲授体育概论、运动规则，包括篮球、排球、台球、体操、游泳、室内田径运动等，培养出一批体育专业人才。

同一时期，中国在海外的仁人志士也把西方体育用图文结合的形式，向国人推介。1907年，张静江、姚蕙、李石曾、吴稚晖等人在巴黎创办了《世界》画报，八开铜版纸精印，将西方最常见的竞技体育项目做了详细介绍，包括动作要领、设施条件、竞技规则等。

▲ 吴友如主编的《飞影阁画报》内页：女子台球

◀ 宣统元年（1909年）上海《时事报》
的图画新闻刊登高等实业学堂按西方
比赛规则举办足球比赛的图文

《世界》画报

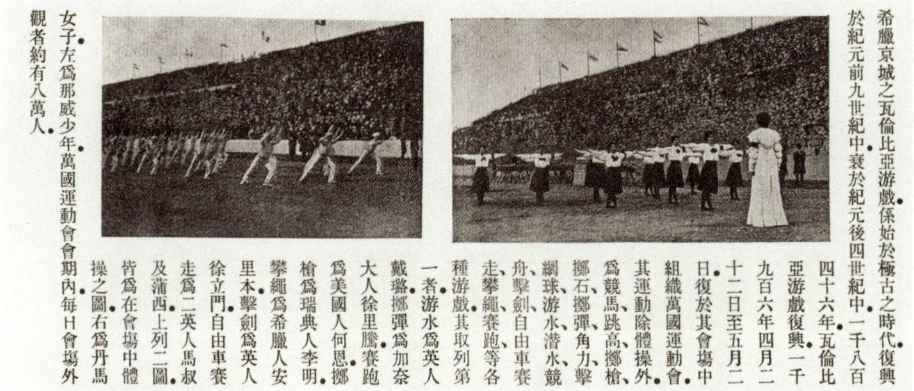

❶《世界》画报介绍 1906 年雅典"届间奥运会"开幕情况和比赛结果

❷《世界》画报介绍西方传统击球项目

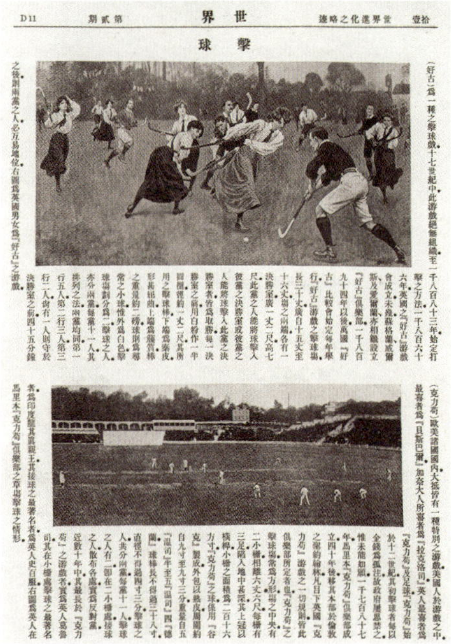

❸《世界》画报介绍西方球类项目和发展

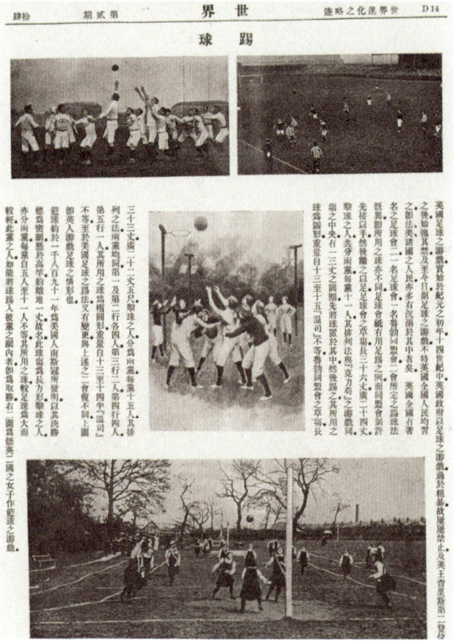

❶《世界》画报介绍西方高尔夫球项目模式和发展

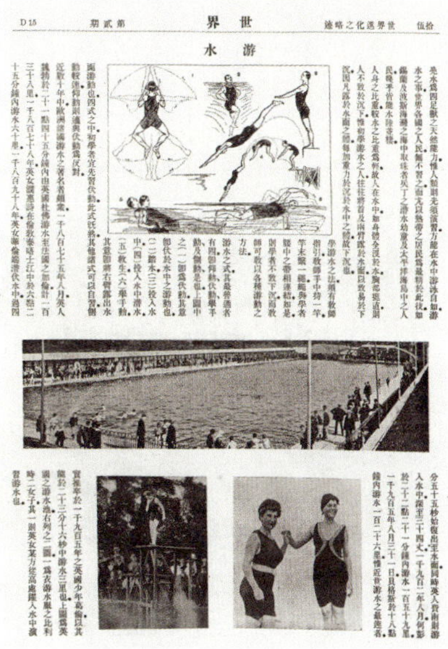

❷《世界》画报介绍西方赛艇运动项目的发展状况

❸《世界》画报介绍西方赛马运动项目

❹《世界》画报介绍西方游泳比赛项目和单项世界纪录

❺《世界》画报介绍西方网球项目和发展

1	2
	4
3	5

《世界》画报

《世界》画报创刊于 1907 年 11 月，正式出版仅出两期，另有一期人物增刊。这份画报不仅是中国也是亚洲最早的摄影画报。每期刊载照片 100 幅左右，配有文字说明及其他专文。该刊由中国留法学生以"世界社"名义在法国巴黎编印出版。主编姚蕙，编辑吴稚晖、李石曾。

这份画报是受狄德罗的百科全书影响而诞生的刊物，其中的人文板块集中介绍了代表西方民主和科学的一些事物，如美、英、法等国的议会政治和法、英、德等国的大学制度；在科学板块则介绍了达尔文、赫胥黎的进化学说，巴斯德的微生物学，伦琴、居里等著名科学家及其重要发现。《世界》画报所用的印刷方法是当年十分先进的凸版印刷，画面非常清晰，在当时的亚洲具领先水平。

《世界》画报内容新潮，图文并茂，印刷精美，在当时引起了很大轰动。著名画家张光宇认为："《世界》画报初次发行的时候，不用说在中国是属于空前的创举，即使在印刷界进步甚速的日本，也没有那样精美和豪华的类似性质的画报出现。《世界》画报真可以骄傲地占坐东亚印刷界的第一把椅子，是东亚画报中的鼻祖。"

对中国来说，《世界》画报的最大意义是向中国读者介绍了第四届奥运会，集中介绍比赛中开展的西方竞技体育项目，向中国读者展示了国际竞技水平。《世界》画报也无疑让当时以表演为主的中国体育看到了新方向，激发了中国现代体育事业的萌芽。北京世纪阅报馆有幸收藏到完整的两期《世界》画报及后来的一期增刊。

从体育史来说，《世界》画报向国人精准介绍了第四届奥运会比赛情况以及当时流行的竞技体育规则和方法。

附：

第四届奥运会比赛情况

这一届奥运会比较特殊。1906年，原定举办第四届奥运会的罗马向国际奥林匹克委员会（简称国际奥委会）提出申请，因意大利政府财政困难，无力兴建体育场馆，宣布放弃主办权。国际奥委会不得不临时与英国政府合作，将奥运会易地在伦敦举办。

申请主办第四届奥运会的有罗马、米兰、柏林和伦敦四个城市。柏林由于得不到政府支持被迫撤销了申请。由于多次地震和维苏威火山爆发，意大利经济蒙受巨大损失。经国际奥委会秘密投票表决，会址选在罗马。1906年雅典奥运会期间，罗马提出，因财政困难，无力兴建体育设施，宣布放弃主办权。时间紧迫，奥运会又无法延期，国际奥委会求助于伦敦。英国考虑再三，答允奥运会在伦敦如期举行，并立即成立了奥运会筹委会。随后，赛会组织者用较快的速度，在伦敦西区一个丛林地带兴建了一座可容7万余观众的体育场，新造了一个长100米、宽15米的游泳池，以及自行车场等等。

第四届奥运会于1908年7月13日在英国伦敦举行开幕式，但实际比赛于1908年4月就开始了。第四届奥运会比赛项目有田径、游泳、水球、击剑等，参赛国家共22个，运动员2008人，其中女子37人，总人数比前三届的总和还要多，东道主派出了最庞大的运动员团体。1900年，亚洲的印度曾有一名运动员随同英国队参加了巴黎奥运会，使欧、美、亚、大洋洲均有代表参加当届运动会，只是缺少非洲国家；1904年，非洲与欧美、大洋洲均有代表，但亚洲缺席。第四届奥运会中，土耳其队与会，使奥运会首次五洲代表聚会，这对奥林匹克日益国际化具有历史意义。

第四届奥运会摔跤赛首次既有自由式又有古典式，但总共只有9项：自由式5项，古典式4项。获得66.6公斤级自由式冠军的是英国运动员乔治-奥凯利。拳击仅有5项，除63.5~71.67公斤级亚军被澳大利亚运动员里吉纳德·贝克尔获取外，其余奖项均属英国人。

伦敦举办的这次奥运会首次公布了各国得奖统计表，它对以后各国进行这方面统计或计算正式的得分产生了积极影响。本届获奖最多的前三名：英国（金牌56枚，银牌50枚，铜牌37枚）、美国（金牌22枚、银铜牌各12枚）、瑞典（金牌8枚，银牌6枚，铜牌11枚）。

传统体育的继承与发展

清代末期，虽然西方近代体育开始传入中国，但在广大的人民群众中，仍以传统体育为主，清军仍从事传统武艺训练，中国传统体育因而得以继续发展。

清末民初对传统体育发展贡献较为突出的是著名武术宗师霍元甲。霍元甲原籍河北省东光安乐屯（今属沧州市），祖辈后移居天津静海县小南河村。由于其幼年身体孱弱，父兄练武时他常从旁细心观摩，尽得家传，他在熟练掌握鹰爪、螳螂、八卦、太极、长拳、少林等名门拳法的基础上，博采众长，创造出变化无常的迷踪拳。1909 年，为实现强国、尚武的愿望，陈其美、陈公哲等人在上海创办了精武体操学校，聘请南北武术流派中有专长的武师（其中就有霍元甲），以武术教学为主要活动，学校于 1916 年改名为精武体育会。霍元甲及精武体育会在继承武术传统的基础上进行武术挖掘、整理，这对武术在近代的推广和普及起到了良好的促进作用。

除武术以外，中国古代流传下来的其他传统体育活动仍在清末民间广泛开展。象棋、围棋是近代棋类活动中常见的项目。象棋是流行于全国各地的古老的民间智力游戏，在民间开展得较围棋更广泛，根基更深厚，一直盛行不衰。节日里的舞狮、赛龙舟、放风筝等是中华民族传统习俗，这些活动都有益于身心健康。

近代学校体育的出现

1903 年，清政府制定《奏定学堂章程》，并于 1904 年初公布，它规定了各级各类新式学堂的学制、课堂体制和学时标准。按章程规定，各级各类学堂均开设体操科，即体育课。体操科的内容有普通体操和兵式体操。普通体操是美国人刘易斯根据德国和瑞典式体操基本动作改创的，并附加了一些带轻器械的操法，主要有：准备法、矫正术、徒手操、哑铃操、球杆操、木棍操、火棒操、藤圈操、投豆囊等。兵式体操的主要内容包括柔软体操、小队教练、中队教练、枪剑术、野外练习等。随着《奏定学堂章程》中有关体操科规定的试行，近代学校体育也正式开展起来。

《奏定学堂章程》公布后，学堂和学生人数猛增，造成体育教师奇缺，于是清政府学部通令各省，于省城的师范学校附设 5 个月毕业之体操专修科，名额百人，以养成小学体操教习。不久，一批赴日本学体育的留学生陆续回国，也在各地创办体育学校或体育专修科。其中最有成效的是中国体操学校和中国女子体操学校。

1904 年，清政府推行蒙学教科书，包括"修身""地理""体操"等。就体操教材而言，主要流行的有上海文明书局出版的《蒙学体操教科书》和《普通体操学教科书》。其中《蒙学体操教科书》为日本体操教育家玄坪井道、田中盛业著，无锡体育会丁锦翻译，是中国首部具有近代意义的体育教科书。

1907 年底，留日归国的徐一冰、徐傅霖、王季鲁等人在上海创办中国体操学校。此校是清末民初较为规范的一所体育专科学校，到 1927 年才停办，共培养了 36 届 1531 名毕业生，在早期培养体育师资方面做出了较大贡献。1910 年，中国体操学校又增设女子部，由于辛亥革命，中国体操学校女子部直到 1913 年才恢复办学，后改名中国女子体操学校。学校由于日本全面侵华而被迫停办，共培养 45 届 1751 名体育教师，是中国最早的女子体校。

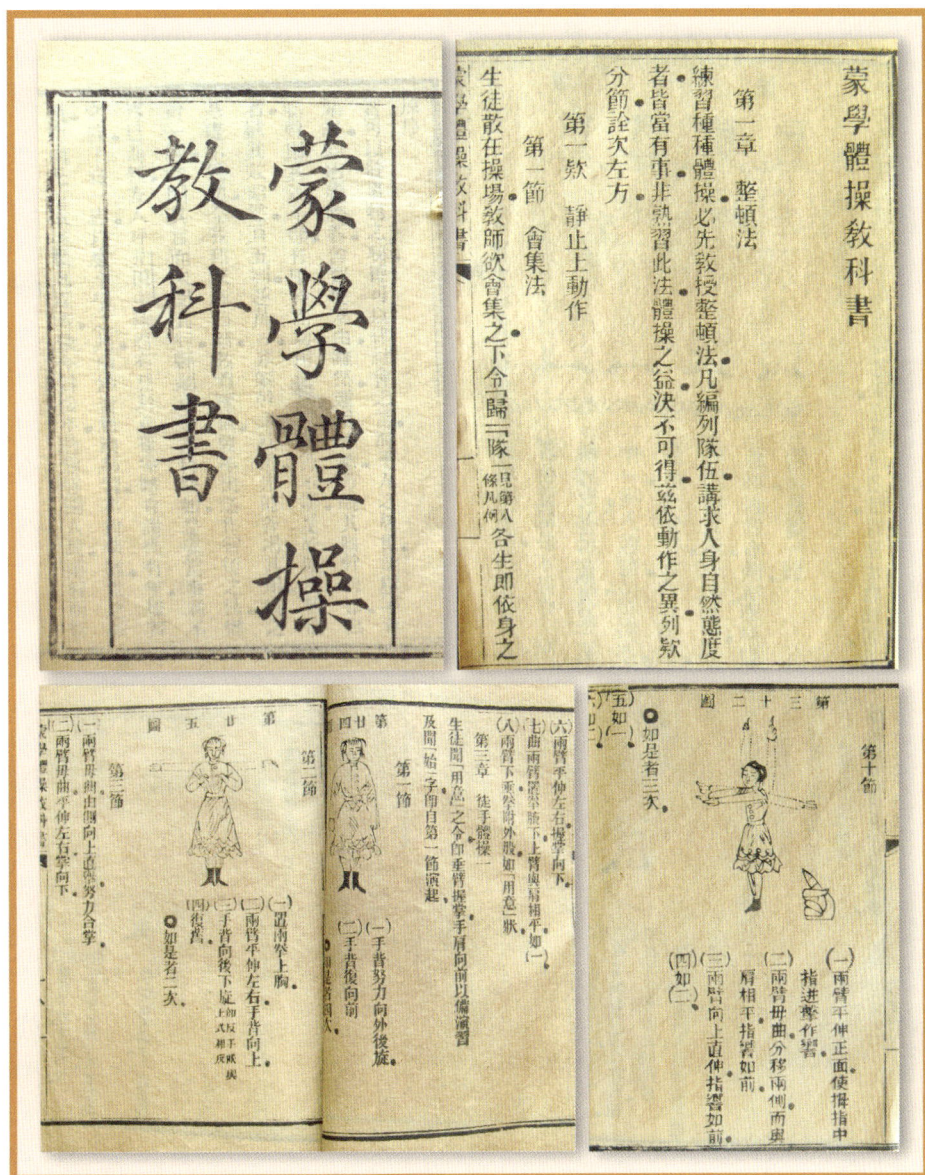

▲ 参照日本教科书编著的《蒙学体操教科书》

中华全国体育协进会成立

中国近代体育起步晚,而且几乎所有重大比赛均由外国人主管。1924 年 7 月,体育界人士借中华教育改进社在南京举行年会之际,宣布中华全国体育协进会成立。大会推选张伯苓为名誉会长,王正廷为主席董事,沈嗣良为名誉主任干事,蒋湘青为干事。董事会 15 人,全部为中国人。中华全国体育协进会成立后,先后加入了远东体育协会、国际足球联合会、国际业余游泳联合会、国际草地网球联合会及国际体操联合会等国际组织。中华全国体育协进会主要开展了以下活动:参加与筹备民国期间的第四届至第七届全运会;选拔参加远东运动会、奥运会、戴维斯杯网球赛的运动员;主办民国期间历届全国分区足球赛及全国分区网球赛;审定每年全国田径、游泳运动的最高纪录;审定及修改各项比赛规则;编辑出版会刊《体育季刊》。20 世纪 20 年代左右,体育类期刊和书籍就如雨后春笋在中国应运而生,笔者见到的就不下 200 余种。

▲ 早期出版的体育期刊——《体育季刊》

❶ 1932 年出版的《足球世界》

❷ 1933 年出版的《足球指导》

❸ 1933 年出版的《勤奋体育月报》创刊号

❹ 1933 年第五届全国运动会专刊

1	2
3	4

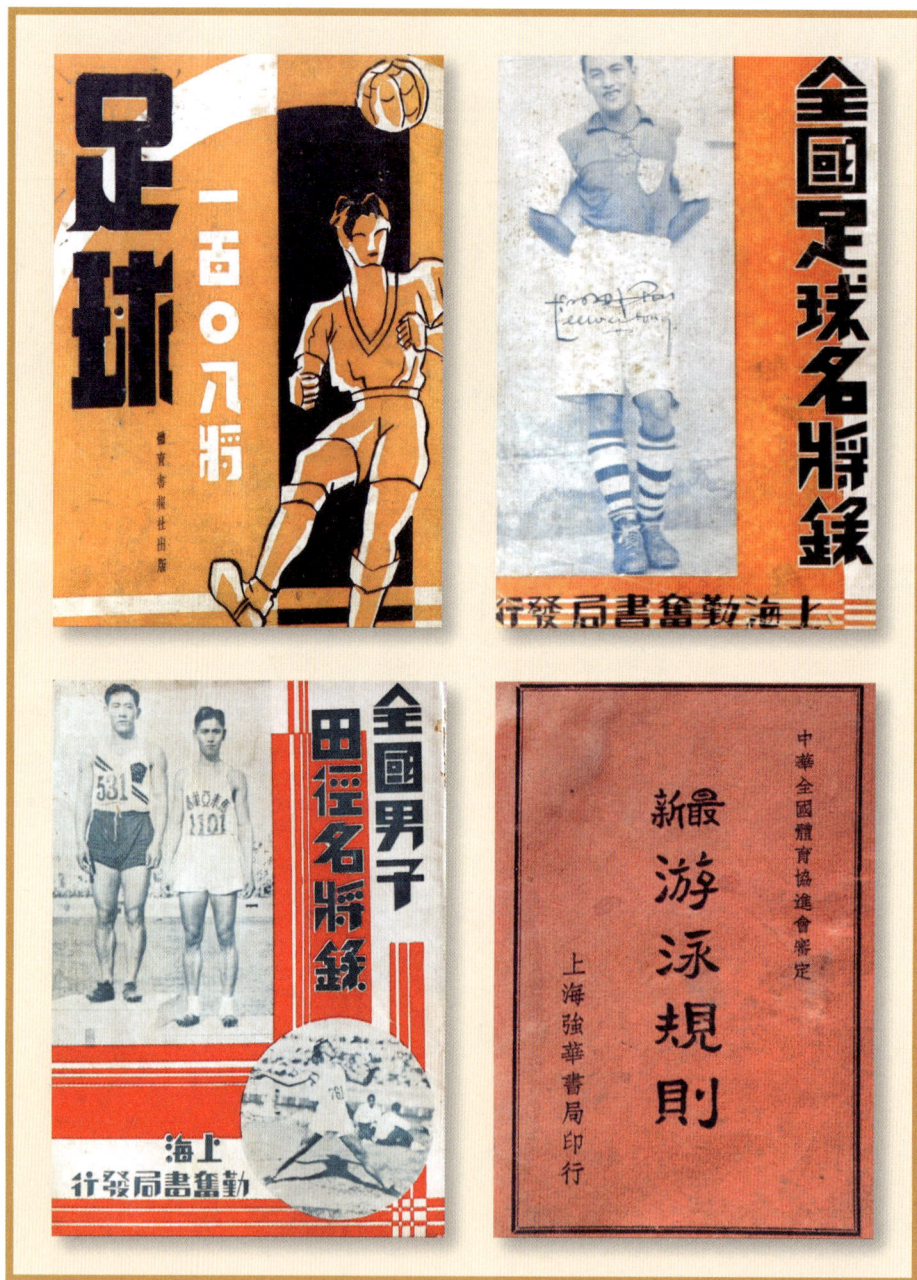

1935 年出版的《足球一百〇八将》

上海勤奋书局发行的《全国足球名将录》

上海勤奋书局发行的《全国男子田径名将录》

上海强华书局出版的《最新游泳规则》

1	2
3	4

❶《田径运动》

❷ 第六届全国运动会画刊

❸ 上海三民图书公司出版的《乒乓球规则》

❹ 第七届全国运动会画刊

1	2
3	4

体育运动会之兴起

随着西方近代竞技体育的引入以及学校体育的发展，近代体育运动会也在中国出现。

早在 19 世纪后期，主要是由基督教青年会组织各学校之间、各地区之间的运动会和专项体育比赛活动。1910 年，由"全国学校区分队第一次体育同盟会"主办的我国第一次全国性的运动会在南京举行，140 余名运动员参加了田径、足球、篮球和网球等多种项目的角逐。

中华民国成立后，全国和各省、市的大小规模运动会的举办更加普遍。在国际体育方面，中国体育运动员还参加了两届远东运动会。所谓远东运动会，主要是由菲律宾、中国和日本发起的国际性比赛，最后两届又先后有印度、印度尼西亚和越南参加，可以将其看作是后来亚运会的前身。

1913 年，中国运动员首次参加了在菲律宾举行的第一届远东运动会。这成为中国体育运动进入国际体坛的开端。1915 年，中国还在上海主办了第二届远东运动会。在本届远东运动会上，中国在游泳、足球、田径等多项比赛中获得冠军。

社会体育的初步实施

　　1927 年南京国民政府成立后，在政府的教育部门和军队等组织里，相继建立了管理体育工作的组织机构，参照西方一些国家做法，加强了对社会体育工作管理。在全国体育指导委员会的基础上，1932 年 10 月教育部体育委员会正式成立。在加强对社会体育的组织管理的同时，国民政府还通过推动体育场馆建设来推动社会体育的开展。1929 年 1 月，国民党军委训练总监曾通令各市、县教育局，要求至少应建有设备完全的公共体育场一处。1933 年，南京建成了中央运动场。1935 年，国民政府在上海又兴建了包括田径场、体育馆、游泳馆在内的大型上海市体育场。1942 年，中国第一座跳伞塔在四川重庆落成，这是当时远东最高、设备最好的一座跳伞塔。这些体育场馆的兴建为现代西方体育项目走向中国社会、走向市民提供了物质基础，对当时我国竞技体育和群众体育的发展起到了助推作用。

中国学校体育的改造

中华人民共和国成立初期，便将发展体育事业摆上了重要议事日程。1949年10月26日，中央人民政府副主席朱德参加全国体育工作者会议，他向体育界发出"努力发展体育事业，把我们的国民锻炼成身体健康精神愉快的人"的号召，同时还提出中国体育事业发展的新方针：体育应当是民族的、科学的、大众的。要把体育活动和一般的新民主主义建设结合起来，反对为体育而体育、脱离实际、脱离人民的思想和办法。为人民健康、新民主主义的建设和人民的国防而发展体育。

1952年6月，中央人民政府主席毛泽东为中华全国体育总会成立大会题词"发展体育运动，增强人民体质"，进一步指明了中国体育事业的任务和发展方向。而且，为了改善青年学生的体质，

中國共產黨和毛澤東主席十分關懷人民的健康，很重視開展體育運動，圖爲毛主席、朱德總司令、周恩來總理在一九五二年中國人民解放軍第二十五周年運動大會上檢閱運動員像片。

◀1953年出版的画册刊登毛泽东、朱德于1952年为中华全国体育总会成立而作的题词

加强学校体育建设，毛泽东主席在 1950 年和 1951 年两次写信给教育部部长马叙伦，做出了"健康第一，学习第二"的指示。1951 年 8 月 6 日，中央人民政府政务院发出《关于改善各级学校学生健康状况的决定》，要求各级人民政府教育行政部门及各级学校纠正对学生健康不负责任的态度。

在体育课方面，1956 年 7 月，教育部在总结各地自编体育资料、教材的基础上，以苏联十年制体育教学大纲为蓝本，制定了适合当时中国国情的第一套《小学体育教学大纲（草案）》和《中学体育教学大纲》。

在课外活动方面，国家要求中学以上的学校实行"准备劳动与卫国体育制度"（简称"劳卫制"）。1954 年正式制定了《准备劳动与卫国体育制度暂行条例和项目标准》。同年 8 月 12 日，中华人民共和国国家体育运动委员会同教育部、卫生部、国家广播事业局和青年团中央，共同发出了《关于在全国小学中推行少年广播体操的联合指示》。国家还要求中小学适当组织课余运动竞赛。1957 年，教育部下发了《学校体育工作意见》，明确指出："中小学除了一般的课外活动外，还需要适当地开展校内和校外的各种运动竞赛，以鼓励学生从事各种活动的兴趣，提高他们的运动技术水平。"

为了培养体育师资，中华人民共和国成立之初，在北京、上海等地分别建立了六大体育学院。到 1959 年，我国建成了各类体育院校、高师体育系科。

中国群众体育的兴起

中央人民政府十分重视群众体育活动，把它作为一项经常性的重要工作。1954年2月，《人民日报》发表了《积极开展群众性体育运动》的社论，指出："人是建设社会主义的最宝贵的资本，健康的身体和坚强的意志，乃是建设社会主义的重要保证。而开展群众性体育运动则是增强人民体质的重要方法。"1955年7月30日，第一届全国人民代表大会第二次会议审议通过的《中华人民共和国发展国民经济的第一个五年计划》明确提出："在全国人民中，首先是在厂矿、学校、部队、机关的青年中，广泛地开展体育运动，以增强人民的体质。"

1954年，政务院下发了《关于在政府机关中开展工间操和其他体育运动的通知》，要求有组织地动员所有工作人员在每天上午和下午的工作时间中各抽出10分钟做工间操。此外，还提倡开展早操和球类等多种多样的体育运动，并利用工余、假日等机会，组织运动竞赛、文娱体育晚会、郊游以及其他有益于身心健康的体育活动。

职工体育的开展，对增进职工身体健康、促进生产和活跃生活的积极作用日益明显。

在职工体育迅速发展的基础上，1955年10月在北京举行了全国第一届工人体育运动大会，来自全国17个产业系统的1700多名职工运动员参加了比赛。比赛项目有田径、自行车、举重、篮球、排球和足球。结果，共有10名运动员打破了11项全国纪录。刘少奇、周恩来、朱德等为大会题词，勉励广大职工开展体育运动，为社会主义建设服务。这次运动会是我国职工体育史上令人难忘的一页，对推动职工体育的发展产生了深远影响。

　　人民解放军的体育运动有着光荣历史和优良传统。中华人民共和国成立后，人民解放军更加重视发展体育运动。军委、总政治部多次向各军兵种发出"大力加强部队体育活动"的指示，确定各级文化部门负责领导体育活动，要求连队革命军人委员会设立体育委员，负责本单位体育工作。从1953年开始，人民解放军开始试行"准备劳动与卫国体育制度"。该制度先在华北军区和华东军区试点，然后逐步在全军推广。1955年，人民解放军又在训练总监部设立了管理全军体育工作的体育局。进入到20世纪60年代以后，军队体育还与练兵相结合，积极开展了在军队内、军队和地方民兵之间进行的全副武装登山、游泳、射击、泅渡等训练和比赛。

　　我国是一个多民族的国家，除汉族外，还有55个少数民族，分布在全国各地。在长期的历史发展中，各民族都创造了灿烂的文化，其中包括丰富多彩的民族传统体育文化。诸如摔跤、赛马、射箭、斗牛、赛龙舟等体育活动会在各类民族传统节日里进行。

中国竞技体育的历史性突破

在群众性体育运动广泛开展的基础上，我国运动技术水平不断提高，创造了许多优秀成绩，从根本上改变了中国在世界体育比赛中的落后局面。

为庆祝中华人民共和国成立十周年，展示十年来我国体育事业所取得的巨大成就，1959 年 9 月在北京举办了中华人民共和国第一届全国运动会。毛泽东、刘少奇等国家领导人亲临开幕式，董必武、聂荣臻、郭沫若等还专门为运动会写了贺诗或贺文。中华人民共和国第一届全国运动会共设 36 个比赛项目，6 个表演项目。全运会期间，有 7 人 4 次打破世界纪录，如穆祥雄以 1 分 11 秒 1 的成绩打破了男子 100 米蛙泳 1 分 11 秒 3 的世界纪录；陈蓉以 589 环的成绩打破了女子自选小口径步枪 50 米和 100 米各 30 发卧射 588 环的世界纪录；赵嘉桢、王永熙以 1260 米的成绩打破了活塞式发动机无线电操纵模型飞机飞行高度的世界纪录。在各运动项目中，大量有才华的年轻运动员和优秀集体，赶上或超过了原来获得先进称号的运动员和单位。中华人民共和国第一届全国运动会的成功举办，是我国体育事业走向一个新阶段的里程碑，并在我国体育史上留下了极其光辉的一页。

1965 年 9 月 11 日，中华人民共和国第二届全国运动会在北京工人体育场举办。9 月 12 日，中华人民共和国第二届全国运动会各项比赛和表演项目正式开始，28 个民族的运动员参加了比赛。比赛项目共有 22 项：田径、游泳、举重、自行车、射击、乒乓球、篮球、排球、足球、网球、羽毛球、水球、体操、击剑、摔跤、跳水、射箭、无线电收发报、摩托车、飞机跳伞、航空模型、航海模型。

武术作为表演项目。9 月 28 日，运动会闭幕。在这届全国运动会上，共有 24 人 10 次打破举重、射箭、射击、飞机跳伞 9 项世界纪录；有 333 人 496 次，打破 130 项全国纪录。

1956 年 6 月 7 日，举重运动员陈镜开，在上海陕西路体育馆举行的中苏举重友谊赛中，以 133 公斤的成绩打破了美国运动员保持的最轻量级挺举 132.5 公斤的世界纪录，该成绩也成为中国创造的第一个举重世界纪录。1957 年，陈镜开在莫斯科举行的第三届国际青年友谊运动会举重比赛中，在腰疼发作，抓举中肩部受伤的情况下，仍创造了 139.5 公斤的挺举世界纪录。

陈镜开的成功，打开了中国运动员创造世界纪录的闸门。1957 年 5 月 1 日，我国著名游泳运动员戚烈云在广州举行的庆祝"五一"国际劳动节游泳表演赛中，以 1 分 11 秒 6 的成绩打破了 1 分 12 秒 7 的世界纪录。这是中国运动员创造的第一个游泳世界纪录。

1957 年 11 月 17 日，郑凤荣在北京市田径运动会上跳过了当时世界上女子运动员从未跳过的高度——1.77 米，从而打破了 1956 年美国运动员在第十六届奥林匹克运动会上创造的 1.76 米的世界纪录。这次打破女子运动项目世界纪录，不仅给全国体育工作者和人民以极大的鼓舞，而且也引起世界体育界和舆论界的高度重视。

在羽毛球项目中，陈玉娘在 1964—1975 年间，共 8 次夺得全国羽毛球比赛女子单、双打冠军，1974 年获得第七届亚洲运动会羽毛球女子单打冠军。

我国在乒乓球项目上的表现尤其出色。1953 年，我国加入国际乒乓球联合会后，于同年 3 月参加了第二十届世界乒乓球锦标赛。

这一届我国男队被评为一级第十名，女队被评为二级第三名。4 年以后，我国男女队都进入一级前三名。容国团在 1959 年举行的第二十五届世界乒乓球锦标赛上荣获男子单打冠军。1961 年我国乒乓球运动全面崛起，在有 32 个国家和地区的 243 名运动员参加的第二十六届世界乒乓球锦标赛中，夺得了男子团体和男、女单打三项冠军，结束了日本称雄世界乒坛的历史。随后，在捷克斯洛伐克的布拉格和南斯拉夫的卢布尔雅那举行的第二十七届、第二十八届世界乒乓球锦标赛上，中国队又分别取得三项和五项冠军，巩固并发展了优势。

20 世纪 60 年代，中国乒乓球项目的近台快攻打法盛极一时。号称"五员虎将"的庄则栋、张燮林、徐寅生、李富荣、周兰荪是我国乒乓球队男子团体的主力阵容。

当代体育如日东升

中华人民共和国成立后，党中央带领全国人民广泛开展全民体育运动，经过半个世纪的不懈努力，不仅国民身体素质得到了整体提高，专业竞技水平也有了大幅度提高。自从 1984 年重返夏季奥运会以来，我国连续 10 次参加夏季奥运会，并取得了骄人成绩，共获得 263 金、199 银、174 铜；1980 年中国体育代表团首次参加冬奥会开始，中国队每届冬奥会都在不断突破，在参加的 12 届冬奥会中共收获了 22 金、32 银、23 铜；从 1984 年中国代表团首次参加残奥会开始，共参加 10 届夏季残奥会，甚至在其中几届实现单届金牌数过百的骄人成绩。（以上统计数据以国际奥委会官网公布的结果为依据）

2008 年在北京成功举办的空前规模的第二十九届奥运会，更有力地证明，中国已经是一个名副其实的世界体育大国。

第二章
谁主沉浮——难忘的中国近代体育

··

　　中国传统体育项目由来已久。传统体育主要为武术、杂技、球类和棋类，以强身健体和军事需要为目标。虽然其中也有竞技性运动，甚至是对抗性的激烈运动，但大多拼蛮力，技巧性不足，观赏性有限。鸦片战争之后，西方体育项目不断输入，中国体育运动和国际体育运动接轨，体育项目日趋完善。在与西方体育交融期间，既有深入人心的本国传统项目，又有赏心悦目的引进项目，因此在确定"哪个为主，哪个为辅"这个问题上曾有很长一段时间的争论。中国近代的体育项目，就是在诸如此类的争论和比较中日益完善起来的。

中国近代体育

　　鸦片战争后，虽然西方近代体育开始传入中国，但在一般城市和地区的人民群众中，仍以本国传统体育为主体，清军也在军操之外从事传统武艺训练，中国传统体育得以继续。

　　在1916年到1919年间，精武体育会的教员经常受聘到上海各大中小学向学生传授基本武功。不过，我们从保留下来的《精武本纪》所收录的图片看，民国初期的精武体育会在保持传统项目的基础上也吸收了一些西方的体育项目，如现代足球、篮球、乒乓球、单杠、跳马等。

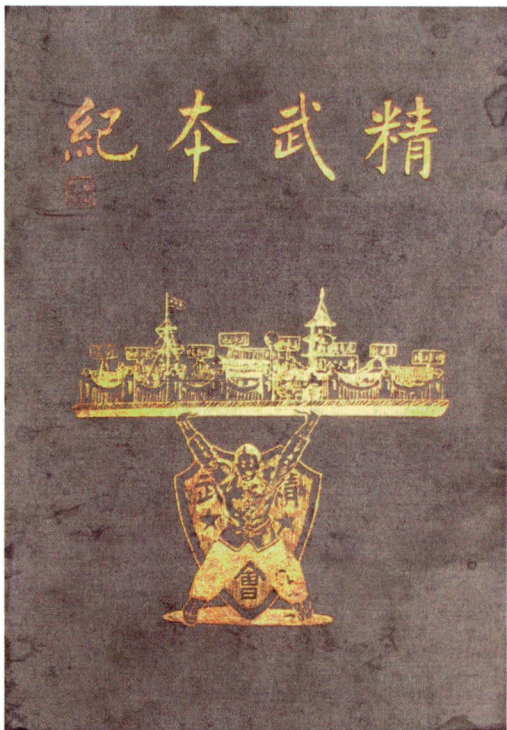

◀《精武本纪》封面

精武

精武體育會創始于宣統初年時霍力士元甲在滬、士夫之尚武者則於閘北賃屋數椽地數弓以霍爲之而羣詣焉霍云此會特渙散有盧君煒昌陳君云粗姚君蟾伯出鉅資于滬東提藍橋相近購地築合大事橋充入會者近二較眾云

▲ 浙江贤达为精武体育会题词并记述精武体育会成立的过程

鄭灼辰　陳鐵生　黃漢佳
陳公哲　姚蟾伯　趙連和　盧煒昌　宵竹亭

▲ 精武体育会骨干会员

▶ 中国武术大师霍元甲画像

▲ 1909 年，霍元甲徒弟刘振声迎战日本大力士

▲ 精武体育会秋千比赛

▲ 精武会体育会走索比赛

▲ 精武体育会篮球赛

▼ 精武体育会亦有女子学员习武

▲ 上海一些小学聘请精武体育会会员教授体育课

▲ 精武体育会演练技击操

◀ 精武体育会教导军事实战

◀精武体育会平台表演

▲精武体育会会员黄惠龙练习举杠铃

▲精武体育会标枪比赛

▶精武体育会台球比赛

▲ 精武体育会原定只招收 35 岁以下会员，陈铁生（陈真原型）当时已 43 岁，仍诚恳请求加入，最终被接收。此为 1917 年陈铁生图片

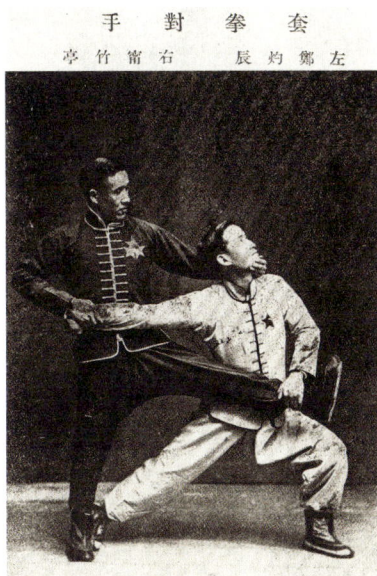

▲ 精武体育会会员练习打套拳

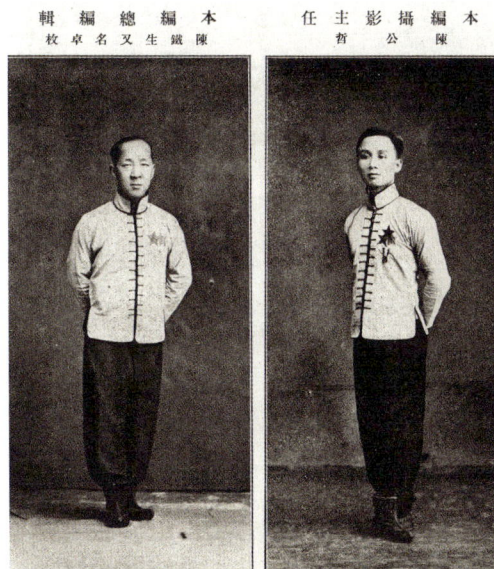

▲ 名震中外的武林大侠"陈真"出身记者，非常有文采，经他和另一位武林高手陈公哲共同努力，完成传世经典《精武本纪》。这部书的总编辑是陈铁生，摄影部主任为陈公哲

民國元年之技擊教員

（一）李健民　（二）趙漢傑　（三）張富歆　（四）趙連和

◀ 1912 年，精武体操学校的主要技击教员

▶ 1914 年，上海精武分会举行乒乓球比赛

◀ 1915 年，中国精武技击分会会员合影

▲ 1918 年，精武体育会教员赵连和指导大学生习武

▲ 上海澄衷中学校聘请精武体育会
教员赵连和（前排右 4）教授技击。
此为技击团成员留影

▲ 广东精武体育会分会游泳队合影

附:
西方体育项目的传入

西方体育项目传入我国主要通过三条渠道:一是从租界传入。第一次鸦片战争后,封闭的国门被打开,在诸多不平等条约保护下,西方商人携家带口陆续来到各通商口岸城市落户,为丰富休闲文化生活,他们将西方体育项目的比赛方法、规则和必要的器具一起带来,但是一些外国商人看不起华人,不允许华人参与他们的运动。二是传教士引入。鸦片战争后,西方传教活动再次活跃起来,为吸引华人入教,他们在传教布道的同时,也将大量的西方文化输入中国,影响着中国的格致、医学、算学、体育等方面。他们到来后设立很多教堂,把体育项目作为传教的重要内容来推广。三是19世纪末至20世纪初,我国在各地建立了许多新式学堂,其中洋务派办的军事学堂正式开设了西方体操课。中国派出的留学生归国后,大多回到家乡学堂,他们也带回了西方的体操、田径、游泳、球类等体育运动项目。这三条渠道各自作用不同,租界传入只是让极少数国人看到了西方体育项目,传教士则让部分国人了解了西方体育项目,而新式学堂才真正让国人参与到西方体育项目。

在这三条输入渠道中,教会输入的西方体育项目最规范。第二次鸦片战争后,天主教传教士有了进入内地自由传教的权力。法国、英国、美国传教士大批涌入中国,在中国开办了许多学校。其中比较大的有美国传教士1879年在上海开设的圣约翰书院、1885年在北京开设的汇文书院,英国传教士1895年在汉口开办的博学书院、1910年在香港开办的大学等。这些教会学校并未开设体育课程,所有体育项目都属于课外活动范畴。

教会设立的书院规格较高,相当于中国的高等学校,体育器械较好,有固定运动场地,还在课外开展田径和球类运动,有体育组织或运动代表队,经常组织以田径、球类为主的校级运动会。上海圣约翰书院于1890年前后开展田径运动,当年就举行了以田径为主要项目的运动会。北京汇文书院1895年就有了棒球队,1901年又成立了足球队。同年,上海圣约翰书院也组织了足球队。因队员头蓄发辫,故被称为"辫子足球队"。

　　1895年福州英华书院开始建立基督教青年会，后来许多教会学校也建立了基督教青年会。1908年后，一批担任青年会干事的美国体育专家来华，到上海、北京、天津、长沙等地的基督教青年会任职，推动了体育在中国的发展。篮球和排球就是由基督教青年会传入中国的。1910年和1914年的两届全国运动会也是基督教青年会发起或主要负责的。

　　20世纪初，一部分留美回国的教育家，也引进了西方体育项目。他们认为美国体育教学更适合在中国推广，于是把美国的体育内容在《教育杂志》上作介绍。受其影响，1923年我国颁布的《新学制课程标准纲要》，也基本上照搬了美国的体育课程体系。《新学制课程标准纲要》正式把学校的"体操科"改名为"体育科"，取消了中小学兵式体操，使我国学校体育进入了一个新的历史时期。学校重视体育，学校毕业的学生进入社会以后积极提倡体育，使全民体育意识明显提高。民国体育运动在大中城市开展比较普遍，广州、上海、北京、天津和沈阳的民间体育活动尤为突出。

　　清末，资产阶级革命派对西方体育项目的引入尤为重视。孙中山先生就非常注重国民体育锻炼，1912年，他担任临时大总统之初，就有文件《大总统令内务部通饬各省劝禁缠足文》强调："夫欲国家之坚强，必先求国民体力之发达。"为实现"强国强种"，资产阶级革命派也积极创办体育学校和体育组织，以锻炼革命青年的体质和传授军事技能。

学校体育与社会体育团体

发展学校体育是体育运动大众化的重要前提。维新变法之时，一些开明大臣曾在建立大学堂的章程上，建议引入西方体育课程，让学员强健体魄。义和团运动后，随着立宪呼声的日益高涨，清政府于1903年制定了《奏定学堂章程》，使近代学校体育制度得以确立并普遍实施，从而结束了我国两千年来学校教育没有专设体育科目的历史。《奏定学堂章程》中"学务纲要"规定了各类学校都应设体操科。"学务纲要"指出，"在中学堂，宜以兵式体操为主，凡教体操者，务使规律肃静、体势整齐、意气充实、运动灵活"。这里说的"兵式体操"是指从日本引入的日式兵操，虽具有强身健体、尚武和集体纪律教育等积极因素，但属于严肃的机械式锻炼，压抑个性，提倡服从，并贯穿着专制、盲从的思想，导致当时的体育课程生硬和单调。

新文化运动爆发后，在新思想冲击下，取消兵式体操的呼声不断。1919年10月召开的"全国教育会联合会"第五次年会通过了《改革学校体育案》，它的内容包括减少兵式体操时间，增加体育课间操和课外活动时间等内容。虽然这些规定未能认真贯彻实施，但有的学校却从此正式废止了兵式体操，体操科的内容改为以普通体操、田径、球类、游戏等生动活泼的项目为主。1922年11月，北洋政府教育部颁布了《学校系统改革令》，教育史上称"壬戌学制"。次年，公布在《教育杂志》上的《新学制课程标准纲要》正式把学校的"体操科"改名为"体育科"，将体育科的内容设置为普通体操、田径、球类和游戏等，促使教师对教法进行改进和探索，使学校体育走向正规化、科学化。

　　这一时期的体育学校和体育科系有：1918 年傅球等人创立的上海东亚体育专科学校，1922 年陆礼华在上海创办的两江女子师范学校（1928 年更名为两江女子体育专科学校），1927 年创立的上海中国体育学校，1928 年创立的北平民国大学体育科，1931 年创立的河北女子师范学院音乐体育系，1936 年创立的国立重庆大学体育专修科，1945 年创立的国立中山大学体育系，等等。这些专业学校的授课方式和内容由原来的单一体操项目扩大到田径、球类、拳击等多方面。

清末至民国间校园体育

❶ 1902 年，京师大学堂足球队合影

❷ 1909 年，上海龙门师范第六次运动会（一）

❸ 1909 年，上海龙门师范第六次运动会（二）

❹ 1909 年，南京暨南学生足球队

❺ 1909 年，河南荥阳各学堂第五次运动会合影

❻ 1909 年，天津第一私立中学运动员合影

1	2
3	4
5	6

❶ 1909 年，上海高等实业学堂足球部学生合影

❷ 1909 年，浙江山阴明义初等小学校学生做体操

❸ 1909 年，湖州城西女校体操队合影

❹ 1909 年，上海浦东中学铁杠运动表演

❺ 1909 年秋，安徽寿州体操专修科合影

❻ 1909 年，南京第一模范小学运动会

1	
2	3
4	5
	6

❶ 1909 年，苏州养育学堂出游摄影

❷ 1918 年，上海青年滑旱冰——我国早期轮滑运动

❸ 1918 年，上海爱国女学学生练习体操

❹ 广东小学女生练习拳术

❺ 1930 年，中日乒乓球锦标赛中国队获冠军后合影

1	2
3	4
5	

▲1918 年，上海某小学体育优等生合影

▲1919 年，上海中华培本小学技击部师生合影

▲1932 年，上海中学生运动会上运动员在竞走比赛

▲1936 年，上海中学生运动会女子 100 米决赛

◀1936 年，上海中学生运动大会剪影

民国社会体育和竞技体育

　　1927 年 12 月，国民政府在南京成立了全国体育指导委员会。这一组织的成立，改善了以往只注重学校体育而忽视社会体育的状况，标志着体育已被视为一项完整、独立的国家事业，由专门的机构和组织进行领导与管理。在全国体育指导委员会的基础上，1932 年 10 月，教育部体育委员会正式成立，委员会由张之江、王正廷、张伯苓等 18 人组成，这些人大部分是教育部委员，也是全国体育指导委员会委员。他们中有的出国专修过体育，有的热衷于体育活动并支持和倡导体育活动的开展，对中国体育的发展做出过一定贡献。

　　这一时期，随着国民政府对社会体育管理的加强，体育馆活动的推行，近代西方体育运动在中国迅速成长起来，并开始走入中国社会民众的日常生活。

　　民国期间，在国内仁人志士共同努力和国际体育组织的协助下，中国曾 3 次参加奥运会，10 次参加远东运动会，并举办了 7 次全国规模的　运动会。

第四届全国运动会

1. 参加第四届全国运动会之江西排球队
2. 1930 年，第四届全国运动会会场观众席
3. 翊教女中运动员，从左至右为刘玉梅、沈淑君、陈法岩、杜兆林、王承伦
4. 参加第四届全国运动会的香港运动员
5. 上海东南女子体育学校在第四届全国运动会表演团体操

1	2
3	4
5	

◀ 第四届全国运动会广东篮球主力姜为德

▲ 第四届全国运动会中，短跑名将孙桂云打破全国纪录

▲ 第四届全国运动会上，男子短跑名将刘长春获男子 100 米、200 米、400 米 3 项冠军

▲ 天津篮球队运动员

▲ 男女混合排球赛：女运动员许桂馨（前）、陈丽华正在防守

▼ 天津、上海运动员合影。后排为天津篮球运动员，前排为两名上海女运动员、记者和裁判

❶ 第四届全国运动会女子 100 米开赛场景

❷ 东北大学学生赵德新以 35 分 36 秒 2 的成绩创造当时
全国男子 10 000 米纪录。中间被搀扶者为赵德新

❸ 哈尔滨运动员刘静贞

1	
2	3

▲《时报》每天清晨用飞机往杭州第四届全国运动会会场送报，引起读者极大兴趣

▼第四届全国运动会上海篮球队的比赛

❶ 天津南开篮球队教练组成员，从左至右为董守义、严剑影、张希仙

❷ 江西运动员和教练员参加第四届全国运动会

❸ 第四届全国运动会女子全能冠军胡瑞声

❹ 女子跳高五健将

❺ 第四届全国运动会比赛结束后，上海爱国女学女子排球队员摆拍留影

❻ 参加第四届全国运动会的广东女子篮球队

1	2
3	4
5	6

第五届全国运动会

1. 上海举办市运会选拔各项运动的优秀运动员，备战第五届全国运动会
2. 1933 年 8 月，天津体育协会举办第五届全国运动会的预选赛
3. 1933 年 10 月，第五届全国运动会在上海举行，此图为部分参赛运动员介绍
4. 参加第五届全国运动会之田径名将介绍

1	2
3	4

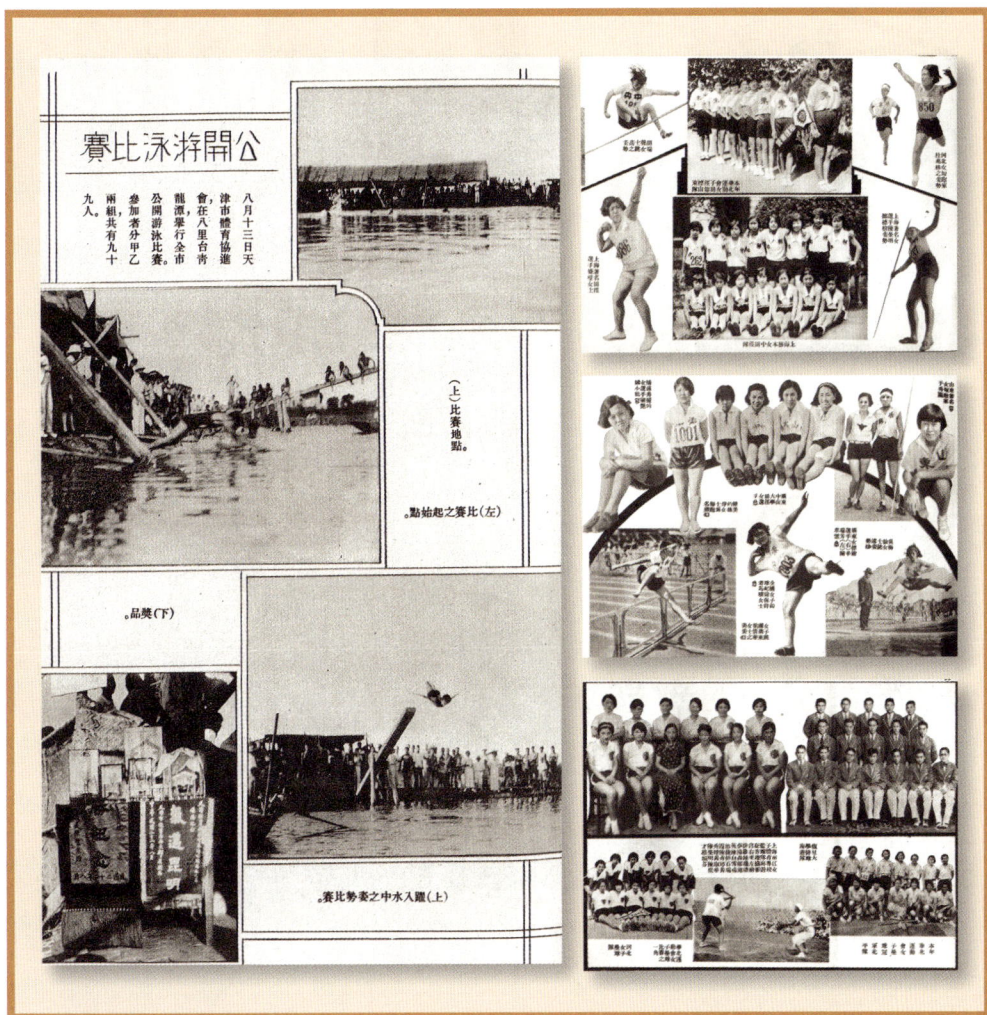

2
1	3
4

1 第五届全国运动会之网球运动员介绍

2 辽宁史家四兄妹，一同参加第五届全国运动会游泳比赛，一时成为佳话

3 香港队游泳运动员杨秀琼

4 第五届全国运动会上，24 岁的刘长春再次荣获男子 100 米冠军

5 短跑名将刘长春

1	2
3	4	5

◀第五届全国运动会男子田径比赛
前三名合影留念

萬米糾紛

▲ 第五届全国运动会上有人举报说金仲廉少跑一圈，结果组委会在没有认真调查的情况下，取消其冠军资格，冠军让给山西运动员谷得胜。但金仲廉不服气，提出跟谷得胜再比一次，结果得到答复是可以比，但只能作为表演赛。最终还是金仲廉遥遥领先

▶ 因东北沦陷，在第五届全国运动会，哈尔滨短跑名
将孙桂云应邀代表北平队出赛

▲ 第五届全国运动会上钱行素在女子 100 米和 200 米以及 80 米低栏比赛中均获冠军，图为她在尝试拉弓

▲ 第五届全国运动会传统弹丸表演

「全國，遠東，世界田徑賽」最高紀錄比較表

此項全國，遠東，世界田徑賽最高紀錄，係根據中華全國體育協進會於民國二十二年五月審定公佈者。惟世界及遠東紀錄選手之譯名，為適應一般的習慣起見，略有更動。又下列三種紀錄：全國紀錄於二十一年十二月止，遠東紀錄（遠東運動會）於一九三〇年第九次遠東運動會止，世界紀錄於一九三二年八月止。

（記者附誌）

項目	全國紀錄	保持者	遠東紀錄	保持者	世界紀錄	保持者
一百米	十秒八	劉長春	十秒七	劉長春	十秒三	尼泊墨西諾(菲)、威廉加、士倫加
二百米	二二秒四	劉長春	二一秒八	劉長春	二十秒六	吉剛隆德(日)、陸克(美)、卡爾(美)
四百米	五二秒四	劉長春	四九秒二	劉長春	四六秒二	中島亥太郎(日)
八百米	二分六秒	王銘紳	一分五八秒二	久富進(日)	一分四九秒八	漢姆遜(英)
千五百米	四分二一秒四	張寶祥	四分六秒	津田晴一郎(日)	三分四九秒四	拉陶茂格(法)
三千米	十分五秒	陳行佩	九分二十秒四	南部忠平(日)	八分二十秒四	納米(芬蘭)
五千米	十七分三十秒	（無）	十四分四九秒	（無）	十四分十七秒四	蘭丁能(芬)
一萬米	三五分二七秒	劉右學	三一分四二秒六	（無）	三十分十七秒	納米(芬蘭)
百十米高欄	十六秒四	金岩	十五秒四	織田幹雄(日)	十四秒四	奧朋(美)
四百米中欄	六十秒	黃企鎏	五五秒八	高田靜雄(日)	五二秒	密勒(美)
二百米低欄	二六秒八	陶英傑	二五秒四	（無）	二三秒	傑維能(分)
百十米中欄	十五秒四	司徒光	十五秒四五	三木義雄(日)	十四秒四	海面加斯(波)
三級跳遠	十三米七四	潘作新	十五米五九	福井行雄(日)	十六米〇五	傑索澎(美)
急行跳遠	六米七四	潘作新	七米五九	南部忠平(日)	七米九八	南加洲大學(美)
急行跳高	一米七九八	李仲三	二米	工藤胖(日)	二米〇三	布魯通斯(美)
撐竿跳高	三米五四	符保盧	四米	西田修平(日)	四米三一	推基(美)
四百米接力	四六秒六	北平隊	四十秒	日本隊	四十秒	美國隊
八百米接力	一分三五秒六	中國隊	一分二九秒六	日本隊	一分二五秒八	美國隊
千六百米接力	三分三四秒二	遼甯隊	三分二四秒二	日本隊	三分八秒二	美國隊
十六磅鉛球	十二米五〇	潘志新	十四米十一	南部忠平(日)	十六米七二	文斯通(瑞典)
擲鐵餅	三六米五〇	周連增	四十米	齋藤眞衛(日)	五一米七三	鮑區(美)
擲標槍	五四米一九	牟作雲	六二米 一九	仕吉耕作(日)	七四米〇二	齋藤眞衛(日)
十項運動	五八三三、九〇五分	劉仁秀	五七八六分	齋藤眞衛(日)	八四三二、三一五分	鮑區(美)

▲ 第五届全国运动会结束后，报纸公布此前各类比赛最高纪录比较表

第六届全国运动会

▲ 1936 年，第六届全国运动会开幕仪式

▼ 香港足球队全体合影

❶ 100 米自由泳冠军——香港队陈振兴破全国纪录

❷ 1935 年,《美术生活》杂志登载的游泳女将杨秀琼

❸ 男子 200 米俯泳冠军郭振恒

❹ 广东游泳队女子游泳健将风采

1	2
3	
4	

▲ 广东游泳队集体合影

▲ 女子径赛 100 米领奖台

▲ 女子 4x400 米游泳接力赛冠军为广东队，运动员左起为刘桂珍、吴月馨、梁玉珍、陈焕琼

▲ 男子 1500 米、400 米游泳冠军杨维莫

▲ 男子 400 米冠军戴淑国

▲ 男子 200 米冠军——马来西亚华侨傅金城

▼ 辽宁队获 4x400 米接力赛冠军。图为刘长春参加接力赛冲刺时场景

▲ 参加第六届全国运动会的蒙古族摔跤队员

◀第六届全国运动会上运动员
表演传统摔跤

❶ 第六届全国运动会最小的运动员是来自广东的胡月英，当时她才 11 岁

❷ 男子跳远冠军——马来西亚华侨叶遂安，他的成绩是 6.76 米

❸ 十项全能冠军被北平的张龄佳获得

❹ 足球巨星李惠堂

1	2
3	4

▲ 观看足球赛的观众达 10 万人

▲ 香港队获足球冠军

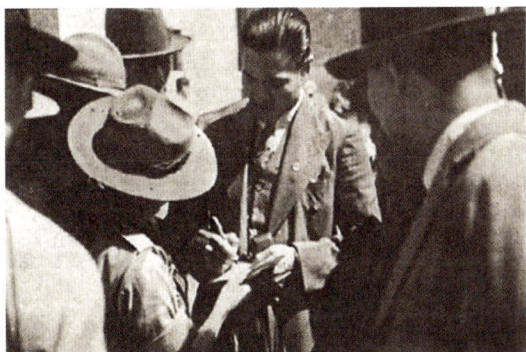

▲ 赛后，足球名将李惠堂忙于为童子军签名

▲ 华侨谭美观在进行自行车花式表演

▲ 山东女子垒球队勇夺冠军

▲ 女排比赛中湖南队对战江苏队

▲ 第六届全国运动会女子篮球冠军得主湖南队

❶ 闭幕前夕，上海运动员合唱会歌，电影制片厂现场采拍录像

❷ 举重冠军——马来西亚华侨梅树春

❸ 网球运动名将王春菁、王春葳姐妹

❹ 菲律宾华侨队与四川队篮球赛

❺ 女子 80 米栏决赛

1	2
3	4
5	

第七届全国运动会

▲ 1948 年，第七届全国运动会火炬传递

▲ 第七届全国运动会体育场的一角

❶ 1948 年，第七届全国运动会上马来西亚华侨游泳队员黄碧霞（左）、谭金流（右）

❷ 男子 100 米自由泳冠军——印尼华侨吴传玉

❸ 香港黄氏姐妹成为女子游泳赛场上最大亮点

❹ 女子 100 米自由泳决赛现场运动员入水姿势

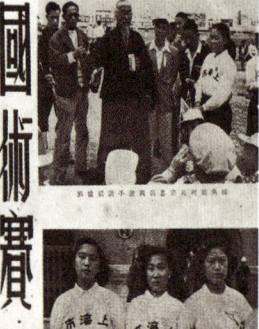
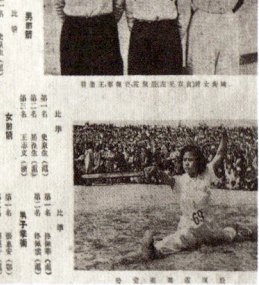

❶ 女子跳高冠军吴树森（左）与季军王鸿兰（右）合影

❷ 来自河北的吴树森以 1.40 米的成绩打破全国纪录获得女子跳高项目冠军

❸ 第七届全国运动会田赛竞技场面热烈

❹ 第七届全国运动会国术比赛

| 1 | 2 |
| 3 | 4 |

女子短距離徑賽

男子短距離徑賽

男女徑賽述評

❶ 女子短跑竞争激烈

❷ 男子短跑赛中台湾运动员表现出色

❸ 举重项目竞技激烈

1 ｜ 2

3

① 运动员楼文敖勇夺冠军，成为第七届全国运动会焦点人物

② 拳击成为第七届全国运动会瞩目项目

③ 第七届全国运动会男子 10 000 米比赛中，楼文敖勇夺冠军

④ 女子短跑赛中广东运动员不断创造新纪录

1	2
3	4

▲ 第七届全国运动会女排比赛场景

▲ 第七届全国运动会台湾选手张瑞妍获标枪冠军

▲ 女子田径项目总成绩第一是青岛的王淑桂

▲ 第七届全国运动会女排决赛，湖南队员身穿旗袍参赛，而且夺得冠军

▼ 女子80米栏决赛激烈进行中

▲ 第七届全国运动会女子 4x100 米接力赛开赛前准备动作

▲ 女子 4x100 米接力赛现场

▲ 青岛队在女子 4x100 米接力赛中获冠军

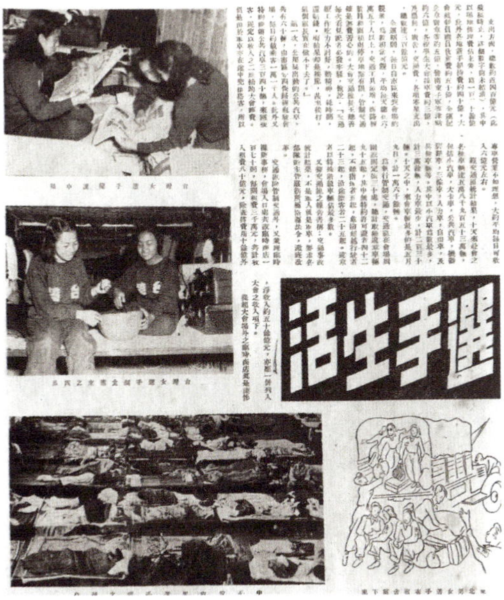

選手生活

▲ 记录运动员的生活

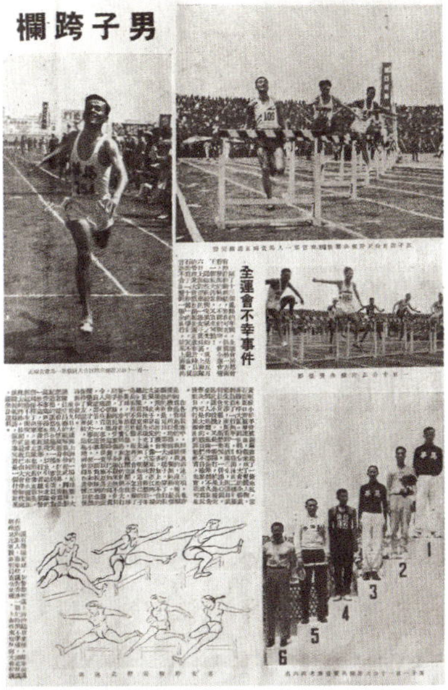

男子跨欄

全運會不幸事件

▲ 第七届全国运动会男子跨栏场面激烈

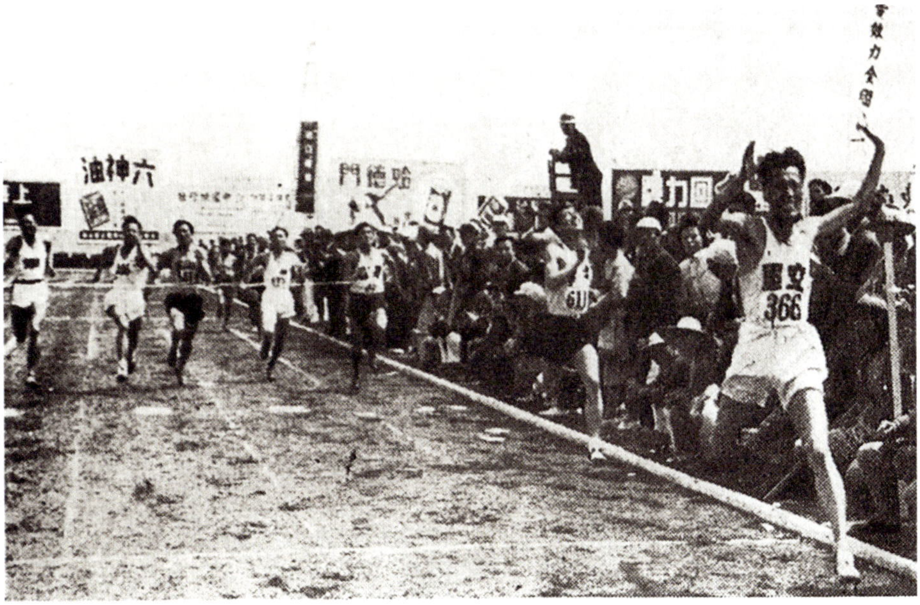

▲ 男子 1500 米赛冲线瞬间

▲ 男子排球赛广州队战胜香港队获得冠军　　▲ 第七届全国运动会结束时的盛况

▼ 男子游泳比赛运动员入水前姿势

奥林匹克运动会

1. 古代奥林匹克运动会起源

古代奥林匹克运动会创始于公元前776年，相传其目的是纪念古希腊神话中的众神之王宙斯。奥林匹克由奥林匹亚一词衍生而来，奥林匹亚位于希腊伯罗奔尼撒半岛西部的克罗尼斯山旁，阿尔菲奥斯河北岸，四周有园林环绕，中间有一块平地，约有足球场那么大，非常适宜运动比赛。这里还有神庙一所，庙里供奉的宙斯神像，高约12米，由黄金和象牙打造而成。这里每四年举办一次运动会，周边各国民众都可以参加。到公元394年，希腊已举办293届运动会。这时，罗马皇帝有感于人们对运动会的过分期待，严重影响国家行政，于是下令禁止举行，还将庙宇烧毁。后来发生大地震和洪水灾害，遗址被淹没于地下。

古代奥林匹克运动项目以测试人的体力、耐力和技巧为目标，最初仅有192.27米场地跑项目，之后项目逐渐增加，比赛项目主要有骑术、铁饼、标枪、拳击、五项全能、摔跤、拳术、跳、跑、美术、音乐等。奖品为野生橄榄树枝编成的冠（冠军一词来源于此）。优胜者站在贴金的冠军台上接受奖品，此外，还得将其姓名、其父亲姓名及其所属国家向观众宣布。优胜运动员返回家乡时，备受礼遇，全地区官民都要出来迎接。而且地方还要为他铸像，免去他日常工作的一切赋税，有大型活动时将他的位置安排在前排。

古希腊人认为，奥林匹克运动会是神圣的，如果参加者有欺骗行为或其他有违体育精神的行为，便是对神不恭，必须受到严厉处罚。

2. 现代奥林匹克运动会起源

　　1766 年，一位叫理查德·钱德勒的人偶然发现了古代奥林匹克运动会举办地的遗址，于是雇人挖掘，但未发现古物。1820 年，一位法国探宝人再度在此挖掘，所得珍宝甚多，但他只为寻宝，因此并无更多发现。1838 年，德国欧司柯蒂士又来此挖掘，经 6 年艰苦努力，终于有了重大发现，包括房屋 50 栋，运动员造像 130 尊，铜器 13 000 件，古钱币 600 枚，雕刻品 400 件。这些发掘物后来都被奥林匹克博物馆收藏起来。后来，法国人顾拜旦（1863—1937）有感于法、波之战中法国军人体质羸弱，于是想到了发展全民体育运动。他从研究古希腊奥林匹克入手，分析古代运动项目的科学价值，并先后到多国游说，提出恢复奥林匹克运动。1893 年，他又分别致函各国体育组织，但回函者寥寥。1894 年，他诚邀十几个国家的体育组织负责人到巴黎开会，专门研究恢复奥林匹克运动会的问题，一切经费由他承担。最终出席人员众多，并当即成立了国际奥林匹克委员会（下称国际奥委会）组织。会上，他建议在 1900 年举办第一届现代奥林匹克运动会，结果遭到大家反对，因为大家认为 1900 年太迟，应该在 1896 年举行，而且提议仍在雅典举办，以此纪念古代奥林匹克运动会。

　　1896 年 4 月 6 日，第一届现代奥林匹克运动会在雅典顺利举办。应邀参赛的有 14 个国家，241 名运动员，其中希腊参赛运动员最多。第一届现代奥林匹克运动会比赛项目有田径、游泳、举重、射击、自行车、古典摔跤、体操、击剑和网球九个大项目。主场馆是在古运动场的废墟上重建的。第一届现代奥林匹克运动会冠军获得者的奖品是一张奖状、一枚银质奖牌和一个橄榄花环；第二名的奖品是一张奖状、一枚铜质奖牌和一个月桂花环；第三名没有任何奖品。自行车 100 公里赛中有一段趣事。法国《小日报》报道第一届现代奥林匹克运动会上该项比赛状况时，为抢新闻误将领路人作为冠军刊登，而真正的冠军其实是他后边的莱·弗拉明。（因自行车100公里赛路程远，为保证路线正确，每隔一段都有一人骑车在前边领路。）

马拉松项目起源于公元前490年，因为当时希腊与波斯两国正在马拉松村附近的一个河谷进行一场激烈会战。雅典军队在外无援兵的情况下，团结一心，运用正确的战术，以少胜多，打败了入侵者波斯皇家军，取得了辉煌胜利。当时担任传令兵的斐迪庇第斯奉命将这一胜利消息尽快告诉雅典居民，让受难同胞早些分享这胜利的喜悦，他一口气从马拉松村跑到雅典，到达时已精疲力竭，只说一句"我们胜利了"，就猝死在广场。法国语言学家米歇尔·布里尔非常钦佩这位爱国战士，于是给顾拜旦写信，建议在1896年第一届现代奥林匹克运动会上增设一项以"马拉松"命名的长跑赛，以纪念这位传令兵。这个建议被欣然采纳。从此，马拉松比赛便风行于民间，而且一直作为现代奥林匹克运动会的传统比赛项目。

3. 奥运火炬

奥林匹克圣火仪式起源于希腊神话中普罗米修斯为人类盗取火种的故事。1928年第九届奥林匹克运动会在荷兰阿姆斯特丹举行，组委会接受一位绅士提出的传递火炬以扩大影响的建议，开始举行点燃火炬和圣火接力传送活动。1934年国际奥委会正式决定从第十一届奥林匹克运动会起举行圣火仪式，取火种的仪式在奥林匹亚赫拉神庙旁进行，然后以接力形式向奥林匹克运动会会场传递。

4. 奥林匹克组织

现代奥林匹克运动会创始人是法国人顾拜旦，因他提倡继承和发扬古代希腊奥林匹克运动会的传统，所以运动会采用奥林匹克这个名称。

国际奥委会成立于 1894 年。那一年，顾拜旦和他的合作者聚集了从 14 个国家来的 79 个体育界的人士，开了一次会议，被称为"巴黎国际体育会议"；在这个会上，推举出 15 人组成一个委员会来主持奥林匹克运动会（下称奥运会），这个委员会就叫国际奥委会。国际奥委会委员是以个人身份加入的，不代表国家。许多参加奥运会的国家尚没有人加入到国际奥委会。

某一国如果要让本国运动员参加奥运会，必须先建立自己的全国性体育组织，并向国际奥委会申请注册该国的国家奥林匹克委员会（简称国家奥委会）。国家奥委会的任务是组织和管理代表国家参加奥运会的体育队，负责安排运动员的装备、交通和住宿等事宜。每届奥运会的举办地点，由国际奥委会在举行该届奥运会的 4 年前从申请承办的城市（不以国家而以城市为申请单位）中选择。决定后，由所在国的国家奥委会负责成立一个筹备这届奥运会的组织委员会。组织委员会是一个独立机构，承担这一届奥运会的全部责任，它直接和国际奥委会联系并向它报告筹备情况。

奥运会的技术性工作均由国际奥委会委托一个主管项目的负责人处理。具体工作包括运动员业余资格审查、场地审定等。（注：早期奥运会规定职业运动员不能参赛。）奥运会上各项运动的竞赛都按照有关联合会规定的规则进行。一个运动员在奥运会上要参加某一项目比赛，必须先取得主管这一项目的国际联合会的会员资格。

国际奥委会通过召集各国国家奥委会代表及国际联合会代表举行联席会议，与他们协商有关奥运会的各种问题。但是国际奥委会保留主持奥运会的最后决定权。

中国早期的奥运梦

1. 中国加入国际奥委会组织

1928 年，第九届奥运会在荷兰阿姆斯特丹举行，大会组委会曾向中国发出邀请，但当时中国正陷于内战，政府根本无暇顾及，最后是中华全国体育协进会派遣干事宋君复作为中国代表前往观瞻。

中国体育组织正式和国际奥委会产生联系是在 1931 年，这一年国际奥委会承认了中国的全国性体育组织——中华全国体育协进会（下称全国体协）。按《奥林匹克宪章》规定，一个国家可以有一个到三个国际奥委会委员，中国最初只有一人，即王正廷，1939 年增加一人，1947 年增加到三人。

2. 中国第一次参加奥运会

1932 年，第十届奥运会即将在美国洛杉矶举行，国际奥委会曾向中国发出邀请函，全国体协立即向国民政府提出参加的申请。但教育部却以时间仓促为由反对此事，最后全国体协只得派遣一名代表去观礼。这次派遣的是体协总干事沈嗣良，他将代表王正廷出席奥运会。全国体协对国民政府的决定很不满意，所以沈嗣良在动身之前特地告知记者："余之赴美未受国民政府丝毫津贴，旅费由协进会任之，数约五千。"当时，日本企图利用这次奥运会之机，把他们在中国扶植起来的伪满洲国推向世界，以骗取世界各国承认，于是密谋由东北籍运动员刘长春、于希渭代表伪满洲国参加第十届奥运会，并电告国际奥委会。随后，伪满洲国的报纸披露消息，称国际奥委会

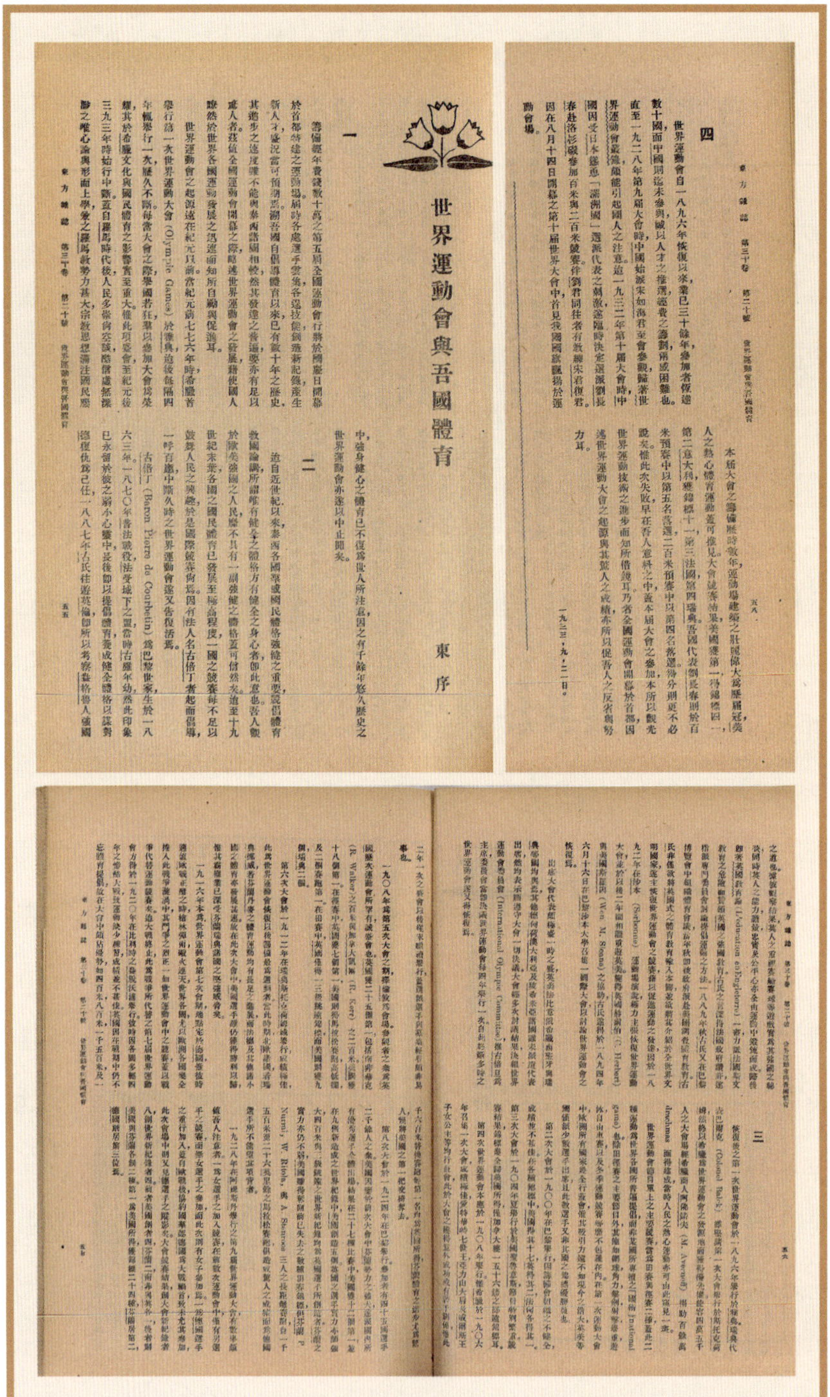

世界運動會與吾國體育

東序

一

二

三

四

▲ 1933 年 10 月号《东方杂志》对奥运会以及我国早期参加奥运会的情况予以报道

已接受了日本代交的伪满洲国参赛申请。日方则以厚禄利诱和威逼刘长春、于希渭，迫使他们代表伪满洲国出席奥运会。消息传开后，许多爱国志士纷纷要求政府选派运动员参加奥运会，以粉碎日方的政治阴谋。关键时刻，对日恨之入骨的刘长春不惧威胁，毅然在《大公报》上刊登声明："苟余良心之尚在，热血尚流，又岂能忘掉祖国，而为傀儡伪国马牛？！"而此时身在大连已被日方监视的冯庸大学学生、中长跑运动员于希渭也以身体抱恙为由拒绝替伪满洲国参加奥运会。

随着第十届奥运会会期的临近，全国体协偶然萌发了派刘长春和于希渭代表中国参加奥运会的想法，以回击日方的阴谋。在全国体协董事、东北大学体育专修科主任郝更生的努力下，时任东北大学校长的张学良慷慨解囊，拿出8000银圆助行。1932年7月1日，在东北大学体育专修科毕业典礼上，张学良亲自宣布刘长春和于希渭为运动员，宋君复为教练员，代表中国参加奥运会。随后，全国体协董事、南开大学校长张伯苓先生急电国际奥委会为刘长春、于希渭报名参赛，一切手续在几日内匆匆办完。遗憾的是，因日方监视过严，于希渭无法参赛。

7月2日，宋君复和刘长春离开北平，次日抵达上海。7月7日，由全国体协主持，上海24个团体两千余人于东亚饭店举行宴会为奥运壮士饯行。

7月8日上午，欢送的人群将新关码头挤得水泄不通。欢呼声中，宋君复和刘长春等人登上邮轮东去。邮轮至日本神户，有日方记者上船询问宋君复和刘长春是代表中国还是代表伪满洲国，宋、刘当即严正声明："我们是中国人，当然代表中国！"日方记者只好悻悻而退。但日方仍不死心，又向邮轮上的宋、刘二人发来电报，称：

威尔逊总统号上的伪满洲国奥林匹克运动员，敬祝一路顺风，佳运常临，愿诸君大获全胜。宋、刘大怒，立即将原电退给邮轮上的电报员，并告之：邮轮上只有中国代表，无伪满洲国代表，请将电报退回。

经过 21 天的海上航行，7 月 29 日，邮轮抵达洛杉矶，宋、刘受到了华人和美国奥委会的热烈欢迎。唐人街上，华侨扶老携幼参加欢迎仪式，鞭炮锣鼓震耳欲聋，同胞相会于异国，感慨万千。

第十届奥运会于 7 月 30 日开幕，开幕式上中国代表团第 8 个入场，刘长春手擎大旗在前，总代表沈嗣良继之，再后是教练宋君复、留美学生刘雪松、旅美教授申国权、美国人托屏（上海青年会体育主任）。

翌日，刘长春参加了奥运会男子 100 米预赛，满腔报国热忱的他

游行之中代表中国持旗者刘长春独行者沈嗣良申国权刘雪松宋君复托屏

▲ 第十届奥运会开幕时中国队入场的情景

▲ 运动员代表宣誓

▼ 第十届奥运会会场

春長劉

出國參加
世界運動會

以短跑代表我国赴美之刘长春君，最近体界运动新纪元。此次大会复之念往东练奔走，我国著名之创办者尤氏之力致纪念。宋君席氏者，北来之劉君等皆学成……

（中李报骨庸摄）

Liu's starting form

劉長春之短步起跑姿势

① 刘长春参加第十届奥运会的留影

② 刘长春参加第十届奥运会短跑比赛时的起跑姿势

③ 参加第十届奥运会男子 200 米预赛之刘长春

1	2
3	

多么希望能在奥运会上夺得一枚奖牌，为中国人争气啊！但他在太平洋漂泊了 20 多天，旅途奔波影响他的竞技状态，他最终未能达成心愿，成绩为 11 秒 1。8 月 2 日，刘长春又参加了男子 200 米预赛，成绩为 21 秒 9。

第一次参加奥运大赛的中国运动员，单刀赴会，黯然而归，留下了一抹辛酸的回忆。但刘长春这次参加奥运会，意义十分重要，他作为中国运动员在世界运动会上标名亮相，并且粉碎了日本酝酿的一场分裂中国的阴谋。

3. 中国参加第十一届奥运会

1936 年，第十一届奥运会在德国柏林举行。国民政府提前令全国体协选拔和训练运动员。1935 年 8 月，全国体协在青岛的山东大学举办了田径和篮球夏令营集训班。当时我国的足球项目在亚洲具有很高地位，10 届远东运动会中 9 次获冠军。由于香港、广州、上海及南洋华侨开展足球运动较为普遍，因此足球运动员选拔也集中在上述地区。最后选出了 22 名正式队员，组成了中国足球队。

篮球运动员选拔委员会由董守义、宋君复、舒鸿 3 人组成。1936 年 1 月从北平、天津、南京、上海的优秀运动员中预选出 20 人，2 月初又从这 20 人中选出 14 名正式队员。

田径运动员选拔委员会由马约翰、容启兆、周家驻 3 人组成。1936 年 4 月 20 日至 5 月 20 日在清华大学举办的训练班，先后对田径运动员进行了 5 次测验，其中成绩突出的项目有符保卢的撑竿跳高（4.015 米）和陈宝球的铅球（12.975 米），均破远东运动会纪录；男子800米、1500米、110米高栏和跳高成绩均打破了全国纪录。6月8日，刘长春、傅金城、贾连仁、戴淑国、符保卢、程金冠、陈宝球、林绍洲、张造九、郭洁、蔡正义、周余愚、郑成山、郝春德、周长星、王士林、李森（女）等23名运动员被选拔为中国田径队队员。游泳项目由两名香港运动员陈振兴、杨秀琼（女）代表国家参赛。举重运动员确定为黄社基、沈良和翁康廷。自行车运动员仅有何浩华一人。中国代表团中运动员共69人。

为向世界宣传中华武术，全国体协还选出了由11人组成的中国武术表演队。

中国代表团由王正廷任总领队，沈嗣良任总干事。

中国代表团参加第十一届奥运会的经费预算为22万元。经多次申请，最终国民政府拨款17万元，加上全国体协募捐的3万元，还差2万元没有着落。足球队只得先期出国，去东南亚进行访问比赛，以比赛门票收入补缺。

6月26日，中国代表团乘意大利邮轮离开上海，经香港、新加坡等地抵达意大利威尼斯，然后转乘火车到达德国柏林。历时1个月的水陆旅行，运动员喘息未定就匆匆投入了比赛，致使23位田径运动员均未能发挥出原有水平，只有撑竿跳高运动员符保卢一人进入了决赛。

足球赛采用淘汰制。中国足球队虽是有史以来首次参加奥运会，但毫不怯场，士气高昂。前锋李惠堂、孙锦顺、冯景祥、曹桂成、叶北华冲锋陷阵，后卫李天生、黄美顺、徐亚辉、谭江柏、陈镇和防御出色，门将包家平奋勇救险。而英国队则显得拘谨。上半场双方攻守相当，比分为0比0，我方几度射出的险球赢得了阵阵掌声。现场的观众根本未想到中国人竟然踢得如此精彩。体育场广播也传出阵阵赞扬之辞，评价中国队如何出人意料和不同凡响。下半场，双方再度展开激烈争夺，英国后卫死死盯住我方前锋，队长李惠堂（李惠堂在20世纪30年代曾获"亚洲球王"美誉）身边常常"黏"着两名英国后卫。70分钟过后，英国队发动了一次又一次强攻，中国队员则逐渐体力不支，最后英国队攻入两球，以2比0取胜。中国队虽败犹荣，他们在比赛中表现出来的技术水平和顽强意志获得了一致好评。

篮球队首战以19比35败于日本，第二场以45比38战胜法国，第三场以21比29败给秘鲁，最后以14比32败给巴西，列第20位。

中国武术表演队在奥运会期间赢得了阵阵喝彩。除在柏林表演外，他们还应邀去汉堡、法兰克福、威斯巴登等城市表演，受到当地热烈欢迎，尤其是空手夺枪节目，每次表演都要在观众持续热烈的掌声中复演五六次。武术表演运动员退场时，常常被观众和记者包围，需要中国留学生挤进人群护卫才能冲出重围。

◀中国运动员从上海启程时的热烈场面

▼为参加第十一届奥运会，各地选拔出来的运动员到清华大学进行集训

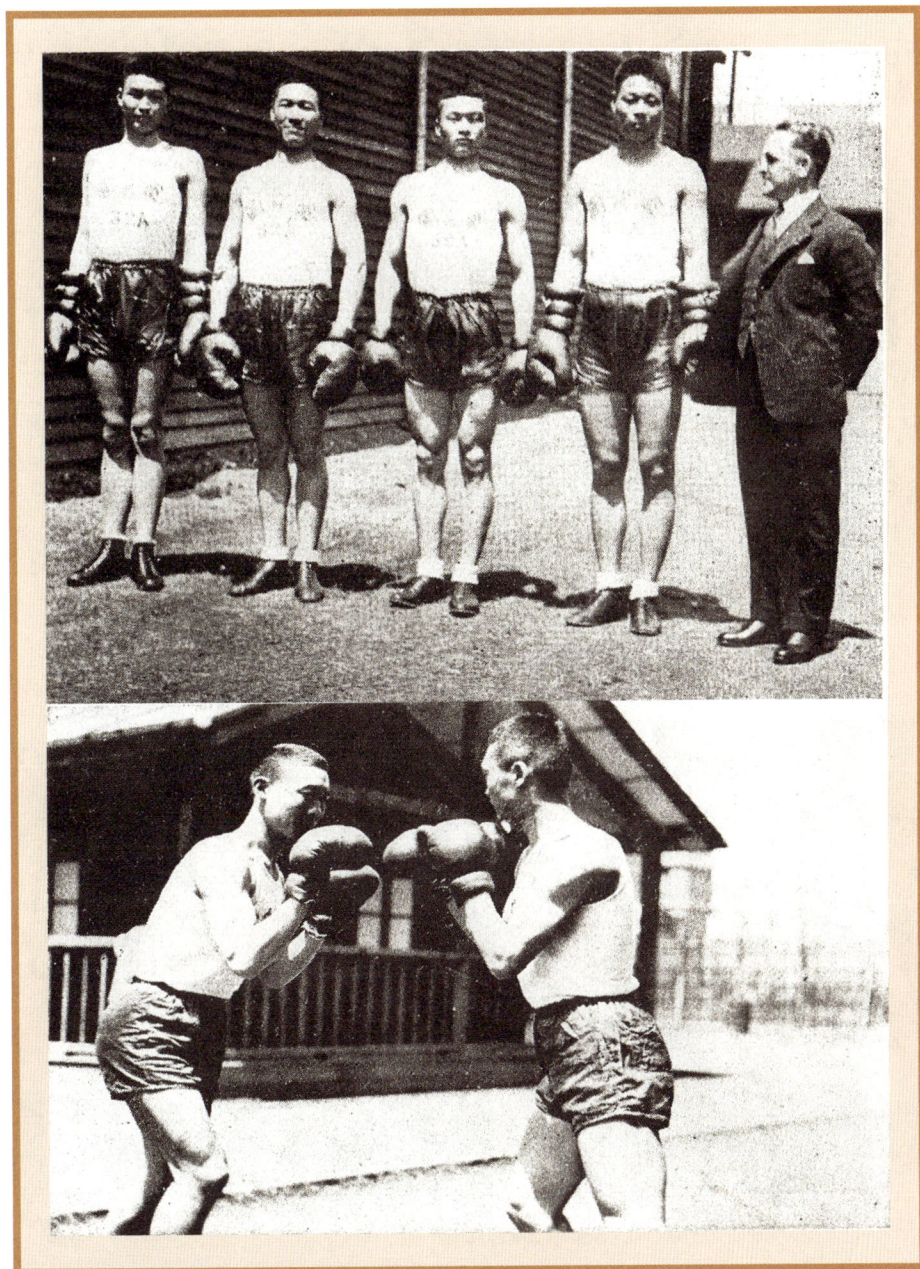

▲ 中国拳击队参加第十一届奥运会

❶ 参加第十一届奥运会的中国足球代表队的合影

❷ 中国足球队，提前两月出发，征战东南亚诸国，赢得很高荣誉，并筹集款项，为其他项目的队员及时参加奥运会做出巨大贡献。前排正中为队长李惠堂

▶ 中国女子短跑运动员李森在
参加第十一届奥运会时的留影

▼ 第十一届奥运会中法篮球之战。中国队以 45 比 38 战胜法国队

中國台維斯杯代表隊

自右起　許承基　邱菊裳

林寶華　郭興鏜

▲ 参加第十一届奥运会之中国网球队员

▲ 第十一届奥运会上中国运动员符保卢参加
撑竿跳高比赛

我女運動員爭觀世運秩序成績單

▲ 我国运动员查看比赛成绩单

共有三十五人參加，我代表有符保盧加入大會規定三·八〇公尺及格由三·五〇公尺起跳符至三·八〇公尺時第一跳未過隔二十分鐘雨止再跳從容撐竿而過是為我田徑隊中唯一奪得決賽權之一人。惟於下午決賽時三躍未過四公尺仍歸淘汰之列各國選手參加撐鐵餅者共四十八人分二組我代表有郭潔冷培根二人列第二組試賽大會規定須有四〇公尺之成績始獲決賽權結果淘汰者達三十六人之多僅四分之一及格而已郭

4. 中国第三次参加奥运会

由于第二次世界大战爆发，第十二届、十三届奥运会未能如期召开，直到 1948 年才在英国伦敦举行第十四届奥运会。

1947 年初，全国体协接到参加第十四届奥运会的邀请函。但此时国民政府已在崩溃边缘，根本无心提供参奥经费。因而筹措代表团经费成为全国体协压倒一切的大事。预算费用 15 万美元，全国体协向国民政府申请 5 万美元，另外 10 万美元向社会人士和华侨募捐。但国民政府只提供 2.5 万美元。由于捐款不足，足球队只得像参加第十一届奥运会那样，提前出发远征，途经东南亚各华侨集居的国家和地区进行比赛，从门票收入中筹集经费。

抵达伦敦后，中国代表团住进奥运村才 3 天，就因支付不起生活费被迫迁到一个简陋的小学校居住，这里膳食也差，代表团吃的是半年前从国内运来的食物。

7 月 29 日，奥运会举行了开幕式，中国队列第 12 位出场。

7 月 30 日，年仅 20 岁的印尼华侨吴传玉参加了男子 100 米自由泳比赛，获小组第 5 名，未进决赛。

参加田径比赛的 3 名运动员预赛时遗憾落选。来自上海的长跑名将楼文敖参加了 3 项比赛。男子 10 000 米有 30 人参加，跑完全程者 17 人，其中就包括楼文敖，由于他没有跑鞋，脚底磨出了血泡并且破裂。次日，他又参加了男子 5000 米的比赛，名列第 7。大会最后一天是马拉松比赛，从未参加过马拉松训练的楼文敖临时报名参赛，由于不懂马拉松比赛规则，一上跑道就拼命跑，脚上磨起了一串串血泡，在折返途中跌倒，未取得成绩。

自费代表祖国参加自行车比赛的荷兰华侨何浩华，在临近终点，将要取得第一名时，被后面冲来的自行车撞倒，左臂骨折，与冠军失之交臂。

足球队首战土耳其，以0比4受挫，遂遭淘汰。

参加篮球比赛的共23国，中国队名列第4。

近代中国共参加了3届奥运会，均因国力衰败而未在奥运赛场上留下较好的成绩。但我们永远不要忘记，曾有一批批优秀运动员，为了强国强种，前赴后继地拼搏过，奋斗过！

▼1948年，参加第十四届奥运会的中国足球队的四位代表人物。左起为严士鑫、张邦纶、谢锦洪、高保正

▲ 1948 年，中国媒体报道中国运动员楼文敖参加第十四届奥运会马拉松比赛的消息

▲ 第十四届奥运会上中国队在足球项目比赛中落败

中国参加历届远东运动会简况

远东运动会原名"远东奥林匹克运动会"，是20世纪初菲律宾、中国、日本发起和参加的区域性国际比赛，最后两届又先后有印度、印尼和越南加盟。远东运动会是世界最早出现的洲际竞赛，由于当时亚洲其他国家和地区的运动水平还很低，因此远东运动会代表整个亚洲的最高运动水平，被看作是后来亚运会的前身。实际上，1993年以后，东亚几个国家又联手举办了东亚运动会，首届在中国上海召开，也算跟远东运动会有些关联。2013年第六届东亚运动会在天津举办，也是该运动会的最后一届。

远东体育协会和远东运动会于1920年被国际奥委会正式承认。为了与奥运会协调，远东运动会于1927年后改为每3年举办一次，1930年后又决定每4年举办一次。1934年，日本坚持把伪满洲国拉入远东运动会，中国抗议并宣布退出远东运动会，远东体育协会亦宣告解体，因没有了中国参加，远东运动会随即停办。

1913年2月2—7日，第一届远东运动会在菲律宾马尼拉举行，中国组团参赛。广东陈彦获男子跳远冠军，成为中国第一个国际

▲ 日本欲扶植伪满洲国参加远东运动会而引起纠纷，最终导致远东运动会停办

田径比赛冠军，成绩是 19 英尺 11 又 8 分之 5 英寸（约 6 米）；韦焕章获 120 码（109.728 米）高栏冠军，成绩为 18 秒，同时还获得了跳高冠军，成绩是 5 英尺 5 又 8 分之 3 英寸（约 1.66 米）；潘文炳获 10 项全能冠军，成绩是 771 分。足球队获亚军。

1915 年 5 月 15—22 日，第二届远东运动会在中国上海举行，中国获排球项目和足球项目冠军。

1917 年 5 月 8—12 日，第三届远东运动会在日本东京举行，中国队蝉联排球项目和足球项目冠军。

1919 年 5 月 12—18 日，第四届远东运动会在菲律宾马尼拉举行，中国足球队蝉联冠军，排球队获亚军。

1921 年 5 月 30 日至 6 月 4 日，第五届远东运动会在中国上海举行。参赛者有中国、日本、菲律宾、暹罗（今泰国）、马来西亚等各地代表。上海地区的中等学校为了迎接远东运动会，举行全城游戏运动会。5 月中旬，华东八大学（圣约翰大学、南洋大学、沪江大学、复旦大学、金陵大学、东吴大学、东南大学、之江大学）体育联合会与运动会筹备工作组织——远东竞赛委员会在苏州联合举行预赛，以选拔中国队运动员。5 月 30 日下午，开幕式在虹口公园（今鲁迅公园）举行，有万余来宾冒雨参加。国际奥委员会派远东委员出席并致辞。开幕式结束后，来自十余个学生团体的 3000 名中小学生表演体操。第二日天气晴和，赴运动会参观者成倍增加。这届运动会除原有比赛项目外，游泳比赛新添冲水前进、水底拾碟、奇态游泳和潜水游泳项目。运动会期间，中华基督教女青年会组织一千余上海女学生表演徒手体操。1921 年 6 月 2 日《申报》载："从来女学界，对于运动会大会，素未参与，此为第一次。"

中国运动员获运动会总锦标第二，其中篮球首次夺得冠军。中国田径运动员杜荣棠脱颖而出，夺得 5 项全能和铁饼冠军。中国队获排球、足球项目冠军。6 月 4 日，颁奖大会召开，除运动会设立的奖品外，中外各机构团体捐赠的银杯、银瓶、锦旗、油画等奖品共计 34 件，杜荣棠 1 人获得 8 件。

1923 年 5 月 21—26 日，第六届远东运动会在日本大阪举行，中国队获足球项目冠军、排球项目亚军。

1925 年 5 月 16—23 日，第七届远东运动会在菲律宾马尼拉举行，中国队获足球项目亚军、排球项目冠军。

1927 年 8 月 28 日至 9 月 4 日，第八届远东运动会在中国上海举行，本届运动会由全国体协主持。这是完全由国人自己筹备和举办的第一次国际运动会，意义重大。五四运动以后，随着球类、田径运动在学校的开展，竞赛运动风行。当时日本主张在日本东京或中国大连召开本届运动会，因为当时上海已经是世界公认的大都市，所以最终还是选择了在上海举办。全国体协对本届运动会的顺利举办起到了至关重要的作用。由于连年战乱，时局不稳，当时筹备举办费用成了一大难题。南京国民政府政权刚立稳，为了提高国际地位，其态度是支持此次运动会举办的。运动会举办费用主要是依靠江浙财团和广东财团以及上海的社会名流捐资。8 月 27 日下午两点,大会正式开幕,来宾五万余人,

第八届遠東運動會開幕典禮

▲《教育杂志》刊载 1927 年在中国上海举行的第八届远东运动会开幕典礼场面

▶ 第八届远东运动会中夺得锦标的中国足球队

◀ 第八届远东运动会上中国男子排球队获得冠军

▶ 第八届远东运动会上中日女排比赛中

◀ 第八届远东运动会上夺冠的中国女排姑娘赛后合影

场面热烈。中国队获得排球、网球、足球三项冠军。足球尤其受到观众欢迎。当时《益世报》对中日赛场精彩描述道："……日之守将者，将球还出，方期化险为夷，渡过难关，数以我队仍用声东击西之术，调虎离山，左侧内锋孙锦顺由后方直奔前往，一路全无阻碍，抢得皮球，举足一蹴，球乃应声而入敌人之门，四座雷动，诚以孙君为首立奇功者。"遗憾的是在田径和游泳项目上，中国队未能有所斩获。

1930 年 5 月 24—31 日，第九届远东运动会在日本东京举行，中国队获足球、排球项目冠军。广东司徒光获三级跳远第四名，为中国在田径项目的比赛中夺得宝贵的名次。

1934 年 5 月 12—19 日，第十届远东运动会在菲律宾马尼拉举行，中国队获足球项目冠军、排球项目亚军、女子游泳表演赛冠军。之后，中国因抗议日本提出将伪满洲国拉入该届运动会而退出，远东运动会随即停办。

《东方杂志》第 30 卷第 20 号刊登的《远东运动会之起源及其发展》一文对远东运动会进行了详细介绍，是考证当年远东运动会的第一手档案史料。

▼ 1930 年，第九届远东运动会在日本东京举办，图为开幕式当天中国运动员入场情形。当年的《文华》画报刊印了一组珍贵镜头

▲ 1930 年第九届远东运动会开幕

▶ 参加第九届远东运动会之中国运动员团队

▲ 参加第九届远东运动会之中国女排姑娘

◀ 在第九届远东运动会夺得冠军的中国男子排球队

◀ 在第九届远东运动会中，中日女排交战激烈，最终中国女排夺冠

▼ 女子游泳比赛开始

◀ 中国网球名将李牡丹战
胜菲律宾运动员晋级决赛

▲ 参加第九届远东运动会归来场景

◀ 第九届远东运动会比赛情况集锦

◀ 第十届远东运动
会在菲律宾马尼拉
开幕

◀ 参加第十届远东
运动会之中国女子
游泳运动员

▲ 第十届远东运动会剪影

▶ 第十届远东运动会女子游泳赛况
介绍

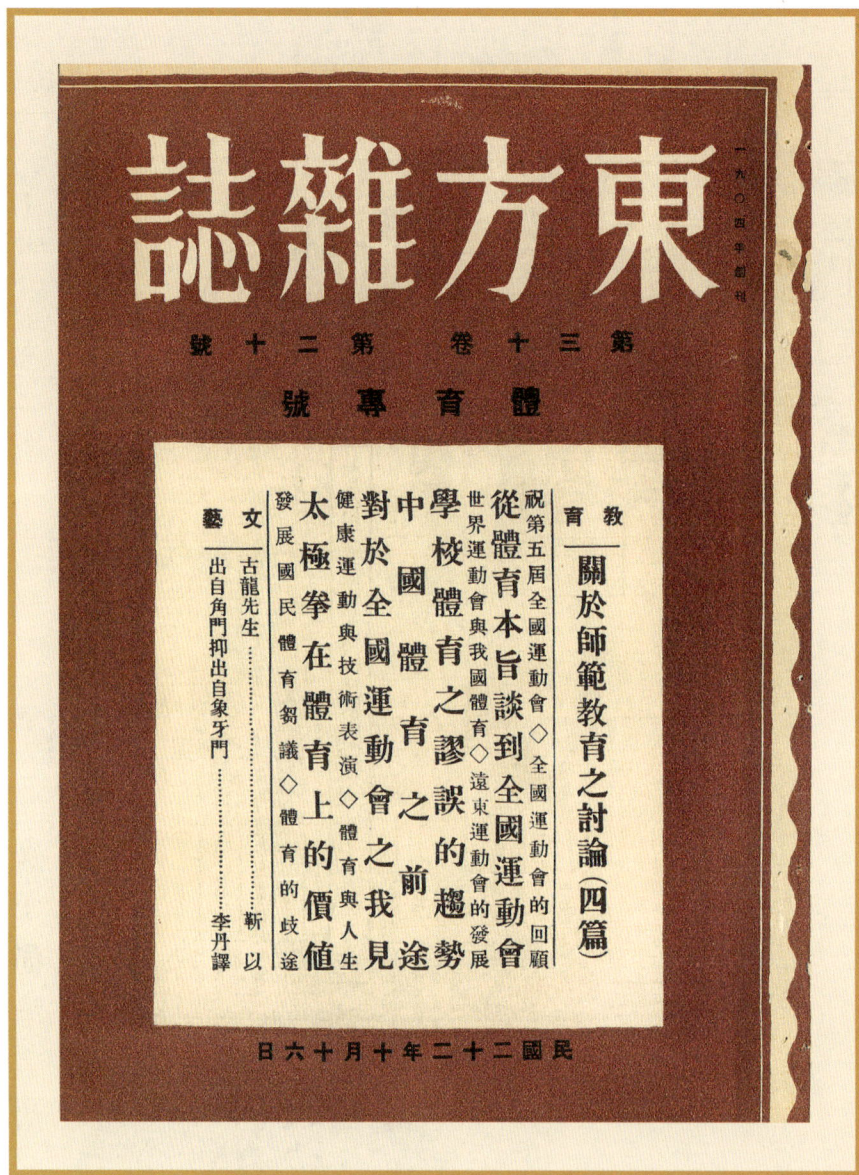

▲ 1933 年 10 月 16 日《东方杂志》第 30 卷第 20 号为体育研究号，内容从多领域多角度探讨中国体育发展方向，并记录了国际体育赛事和国内重大体育赛事

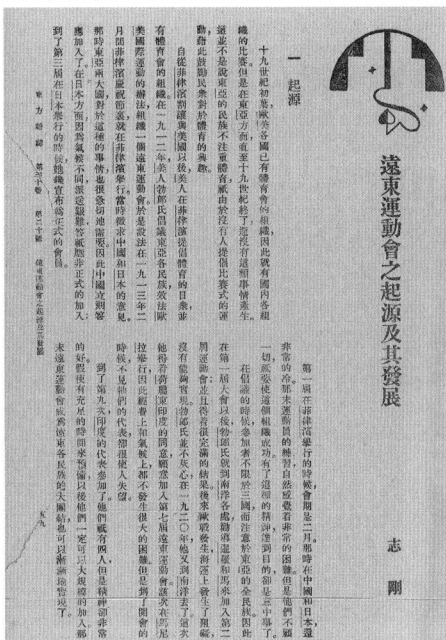

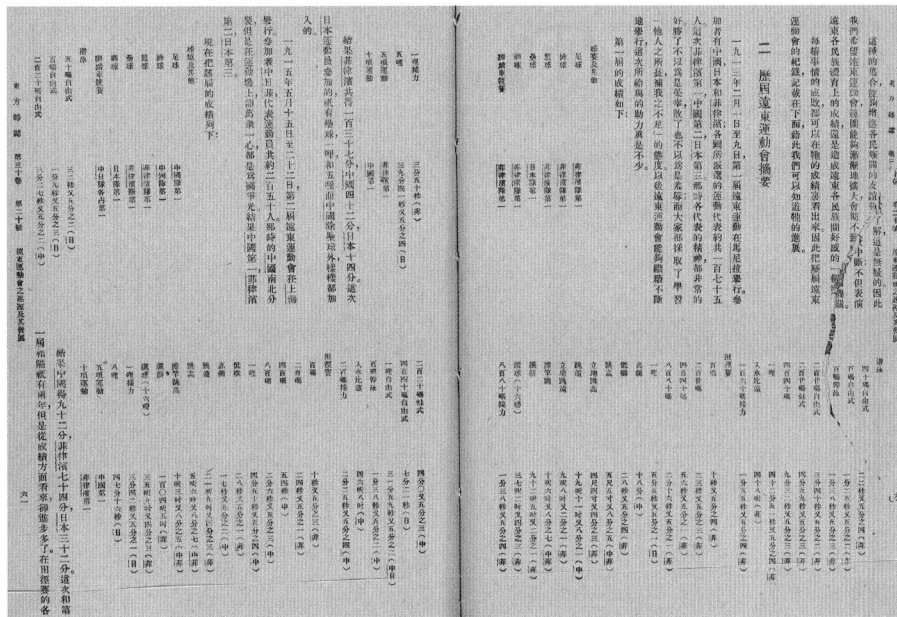

▲《东方杂志》第 30 卷第 20 号刊登《远东运动会之起源及其发展》一文（图一）

▲《东方杂志》第 30 卷第 20 号刊登《远东运动会之起源及其发展》一文（图二）

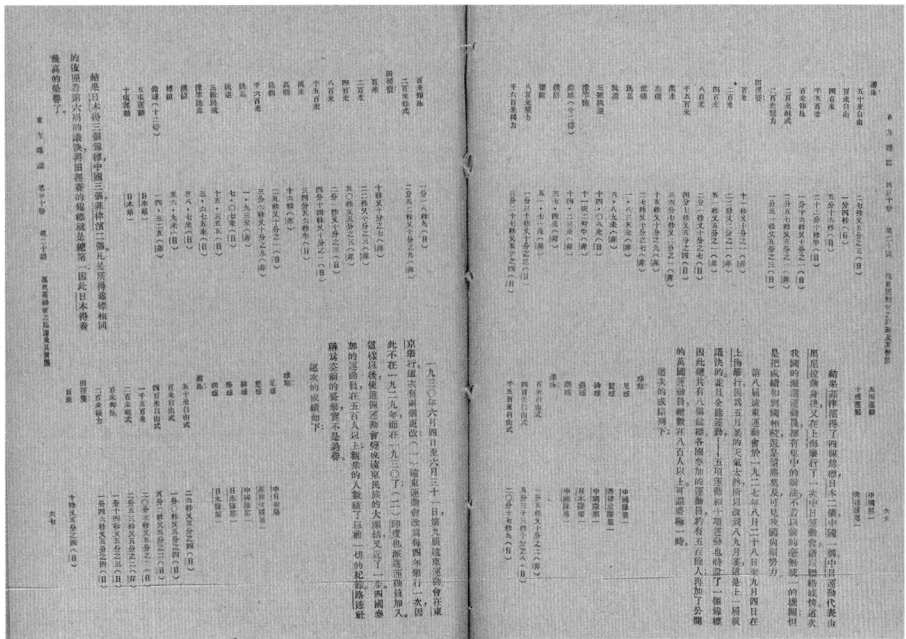

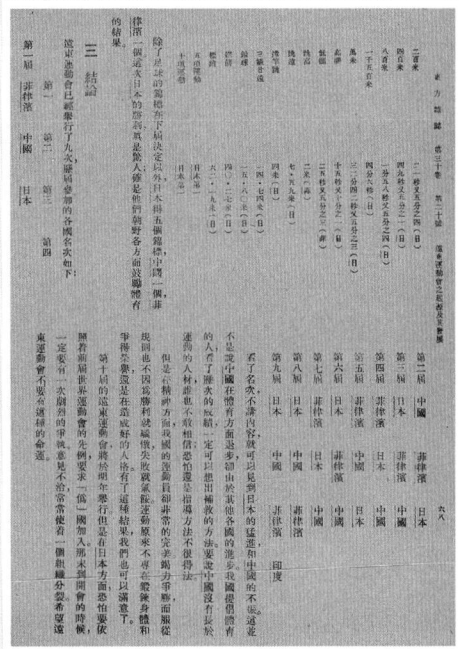

▲《东方杂志》第30卷第20号刊登《远东运动会之起源及其发展》一文（图三）

革命根据地体育

中国共产党第一代领导人青年时代就认识到了体育对革命工作的重要。在领袖人物中，最早重视体育运动的是陈独秀、毛泽东和恽代英。他们在没有组建共产党的时候就已经从进步知识分子角度，认识了体育对人体生理健康的重要作用。陈独秀很早就提出体育对国人的重要性，1903年5月25日《苏报》曾刊登他在安徽"爱国学社"的一段演讲，其中提出国民强健的体魄是保卫国家的必备物质前提。

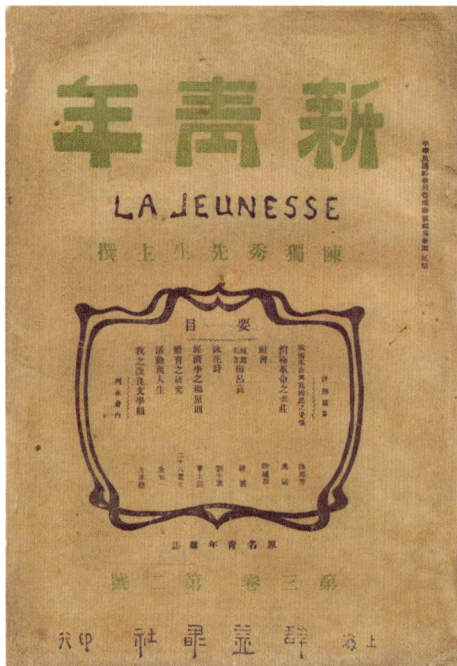

▲ 毛泽东在陈独秀主编的《新青年》上以"二十八画生"为笔名发表《体育之研究》，被列入封面要目

毛泽东生平公开发表的第一篇文章就是《体育之研究》，这篇文章发表在1917年4月《新青年》杂志上。全文洋洋洒洒6000多字，从分析中华民族体质衰弱的原因入手，提出开展体育运动的现实意义及具体锻炼方法。1917年6月，恽代英在《青年进步》第四期上发表了《学校体育之研究》，专门探讨学校体育问题，认为旧式军操枯燥乏味，应该提倡兴趣体育，倡导学校的学生都要注

重体育锻炼。正是由于像他们这样具有进步思想的人的不断倡导，才引起社会民众对体育运动的注意。

中国共产党组建之后，革命家的体育理念得到了直接贯彻。特别是井冈山根据地的工农红军，在毛泽东、朱德等人领导下，机关、连队经常开展体育活动。红军的体育运动比较独特，既有传统体育项目，也有近现代西方体育项目，还有一部分是根据条件自创的体育项目。井冈山下的步云山有一座天然大操场，四周丛林茂密，战士们凭借险要，经常在这里开展体育比赛。其中的一项"打野操"，尤为受欢迎。赛前，山头插有两面红旗，旗下放三颗子弹，参加比赛的战士分成两个连队，分列山下。一声令下，参赛双方便向山上猛冲，首先冲上山头并夺得红旗者为胜，旗下三颗子弹便是奖品。那时子弹奇缺，战士们得到这样的奖品非常高兴。有时参赛的战士会得到烟叶或草鞋。

随着革命斗争形势的发展和根据地的扩大，党中央进一步号召开展群众性体育活动，以增强军民体质，提高军事水平，更好地为革命服务。于是，红军所到之处，各类体育运动也就随时随地开展起来。1934年川陕革命根据地要求各乡村设立红场，布置跳高、跳远、翻杠等场地，号召青少年到红场去，锻炼体格，培养爱国精神，准备投身革命。

苏区的党政机关干部在俱乐部的组织下，经常进行篮球和排球比赛。各类球队中，以少共中央局篮球队、排球队最强。据1933年统计资料显示，仅在中央苏区的2932个乡中，就建有俱乐部1917个，经常参加文体活动的机关干部达十万余人。

在中央苏区的大学和专科学校中，体育活动也开展得比较好。据1934年9月统计资料显示，中央苏区的学校包括马克思共产主义大学、红军大学、苏维埃大学、戏剧学校、卫生学校、商业学校、银行专科学校、师范学校、农业学校等。其中苏维埃大学的体育活动在苏区学校中最具代表性，主要的体育活动有足球、篮球、乒乓球、单杠、双杠、赛跑等。

1933年夏，瑞金一座大型体育场历时两个多月建成。这座体育场主要是为集中举办的体育大赛而建。同时，革命根据地也会开展室内运动项目，每个连队都设"列宁室"（后改称俱乐部），可供下棋、打乒乓球等。为检验体育运动成果，每逢重大节日或纪念日，苏区便组织开展各类运动会。据资料记载，1931年到1934年，苏区举办规模较大的运动会有十几次。这些运动会，除包括田径、球类运动项目外，还有许多军体项目，如障碍跑、投弹、刺杀、劈刀、射击等。可以看出，革命根据地的运动会具有鲜明的为革命斗争服务的特点。

在中央苏区，每逢"五一""七一""八一"等重大节日以及在"三一八""五卅""九一八"等纪念日或是重大集会之后，都要举行不同规模的体育比赛。1933年"五卅"纪念日，在瑞金叶坪红军广场举行的"中华苏维埃共和国第一次运动大会"，有160多名运动员参赛。这次运动会后还成立了革命根据地第一个体育组织——中华苏维埃共和国赤色体育运动委员会。1933年6月初的《红色中华》刊登了红军举办这次运动会的详细消息。

红军在长征过程中，一方面要冲破敌人的封锁，一方面还得抓住空闲时间举办运动比赛。1934年10月，红军开始长征，在长征初期稍有空闲，红军队伍便开展简易的体育竞赛活动。1936年5月1日，红四方面军到达甘孜时也在炉霍县举行了一次"五一"全军运动会。

▲ 1933 年 5 月 31 日，中华苏维埃第一届运动大会，亦称"五卅"运动大会中，红军学校足球队与中央联合足球队赛后合影

▶ 1937 年 5 月 31 日，红军第十五军团在"五卅"运动大会一角

◀1937 年 5 月 1 日，中国工农红军第一军团在"五一"运动大会会场

　　红军到达陕北后，逐步摆脱了敌人的"围剿"，体育运动很快恢复开展起来。1937 年陕甘宁边区也举办了"五一"运动会。各机关、学校、团体、部队及群众五六千人，在延安城东大门外飞机场隆重举行庆祝"五一"节活动暨运动大会。5 月 1 日上午 8 时，人们排着长队从四面八方向会场涌来。临时搭起来的主席台上，陈列着各式各样的奖品，会场中心矗立着 10 余根旗杆，上面飘扬着"五一运动大会"的巨幅旗帜。运动大会有篮球、乒乓球、足球、网球、田径、铁球等各类竞赛项目。大会于 5 月 3 日结束，朱德总司令授奖完毕后，遂宣告大会闭幕。5 月 10 日，陕甘宁边区体育运动委员会于延安成立，朱德任名誉会长。

　　革命圣地延安成立了体育中心，持续开展体育竞技活动。小规模比赛不断，大赛每年至少一次，而且条件好的单位也穿运动衣，非常正规。抗战时期，八路军先后举办过抗战动员运动大会、首届青年节运动大会、妇女运动大会等。在山西，为抗击日寇，中共中央提出建立抗日民族统一战线，派遣薄一波到阎锡山处协助

1937 年延安运动会上

❶ 1937 年，红军在延安举行运动会

❷ 1937 年，红军大学学员打网球归来

❸ 1937 年，红军战士在运动会上进行投弹比赛

❹ 1937 年，延安运动会上红军战士开展跳远比赛

1	2
3	4

组织抗日活动，阎锡山出资组织人力、筹集武器，建立了山西青年抗敌决死队（时称山西新军）等武装，薄一波任政治委员。这支新军也经常利用战斗之余，开展各类体育活动，着装规范，体育用品正规。江南的新四军也利用和敌人拼杀的间隙，举行不同形式的运动会，尤其是陈毅担任军长以后，体育运动开展得更加普遍。

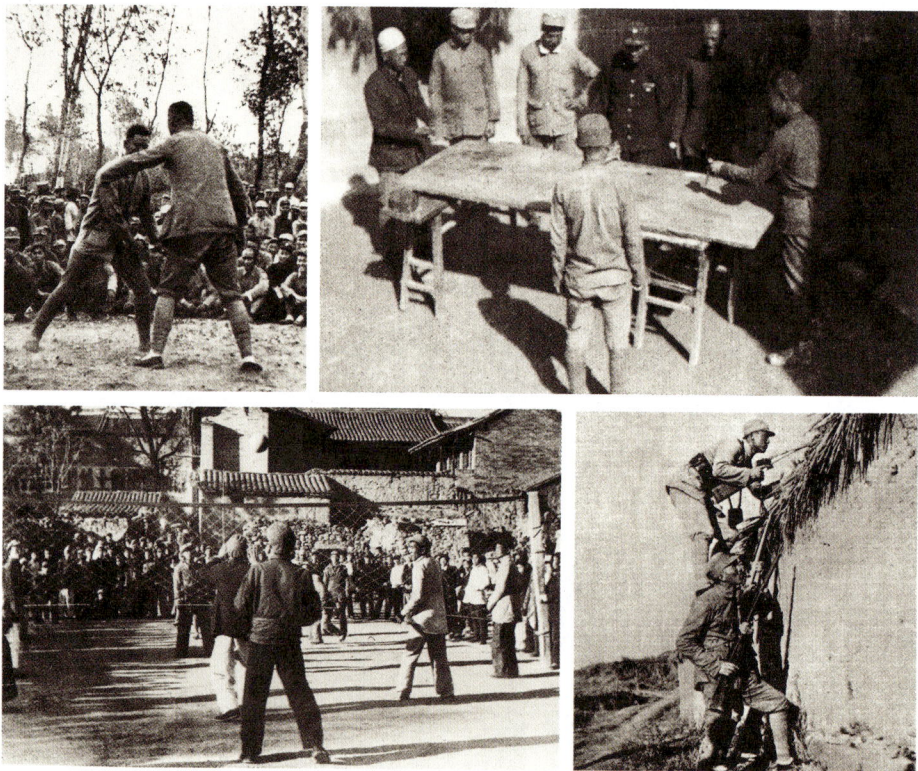

❶ 1938 年 8 月 22 日，山西青年抗敌决死队在沁县东山村举行运动会。
图为时任一纵队政委的薄一波（背向者）和战士比赛摔跤
❷ 1939 年八路军战士在延安打乒乓球
❸ 1939 年八路军将士在进行排球比赛
❹ 八路军在开展体育运动时，将身体锻炼与军事演习相结合

1	2
3	4

1940 年 5 月 4 日，在中央青年工作委员会倡导下，边区第一个群众性体育组织——延安体育会成立，第一任主任为李导，李富春为名誉会长。1940 年，晋察冀军区第一军分区在河北易县举行的运动会规模大，比赛激烈，不少参与者取得了较好的成绩。以下这些照片都是当年河北易县北娄山举行运动会时拍摄并留存下来的，十分珍贵，反映出八路军在艰难困苦环境下的远大理想和高尚情操。

晋察冀军区第一军分区运动会开幕

❶ 开幕典礼

❷ 开幕式场面

❸ 妇女参观团入场

❹ 运动员入场情景

❺ 儿童团担负送水、送毛巾等后勤服务工作

| 1 | 2 | 3 |
| 4 | 5 | |

晋察冀军区第一军分区运动会进行中

1. 主席团和裁判台
2. 800 米赛进行中
3. 1500 米赛运动员冲向终点
4. 1500 米赛决赛情况
5. 单杠赛进行中
6. 单杠比赛。单杠设施极其简陋，杠架两端必须有人扶护
7. 跳远项目进行中（一）
8. 跳远项目进行中（二）
9. 跳马比赛进行中

1	2	3
4	5	6
7	8	9

通过照片画面还可以看出，地方农村政权全力支持八路军运动会，组织了很多农民和学生参加运动会后勤保障工作，就连儿童团都被组织起来，担负送水、送毛巾等力所能及的服务项目。

1941 年 9 月 18—27 日，八路军一二九师在河南涉县清漳河西岸举行了规模盛大的运动会，运动场地是由参谋长李达选定的。为举办好这次运动会，仅场地建设就用了两个月时间，运动会由李达任总指挥，项目有篮球、棒球、铅球、体操、短跑、跳高、拔河、摔跤、武术等。彭德怀、左权、罗瑞卿、刘伯承、邓小平等人都参加了开幕式，开幕式上举行了阅兵和升旗仪式。比赛历时 9 天，各项比赛都十分激烈。闭幕式上，邓小平政委宣布比赛成绩，刘伯承师长讲话。朱德总司令、彭德怀副总司令特向运动大会赠送一面锦旗，锦旗上写着"钢铁的身体，钢铁的意志"十个大字。

1942 年 1 月 25 日，延安新体育学会成立，朱德、吴玉章参加了成立大会。会议讨论了体育章程，选出张国良等 7 人为理事，朱德总司令在会上讲话。

1942 年，毛泽东提出"锻炼身体，好打日本"的口号，激发了群众体育热潮。9 月，在延安文化沟青年运动场举行的"九一"扩大运动会，是抗日战争时期革命根据地最大的一次运动会。党、政、军、机关、学校、工厂等单位参赛人数达 1766 人次，其中运动员就有 1300 多名，他们除了参加田径、篮球、排球、游泳和军事比赛项目外，还参加了马术、武装渡河、摔跤、单双杠等共 23 个项目。朱德任会长，贺龙任副会长，李富春、肖劲光分别任正、副总裁判，徐向前、徐特立、吴玉章等为裁判委员会工作人员。这次运动会产生了一批比较好的成绩，如男子 1500 米最好成绩为 3 分 38 秒，男子 10 000 米最好成绩为 38 分 41 秒，男子跳远最好成绩为 6.1 米，女子跳远最好成绩为 4.3 米，等等。延安"九一"扩大运动会是抗日根据地规模最大、影响最深远的一次运动会，具有广泛的代表性和群众性。参加比赛的有工人、战士、机关干部、学校师生、文艺工作者，有朝鲜、蒙古、回、苗、藏等兄弟民族的代表，也有参加反法西斯同盟的日本人士。这次运动会还邀请了东北军和十七路军参加。通过这次运动会，八路军和国民党东北军和西北军进一步建立友好关系，使国民党军人通过运动场面感受到共产党的伟大，为建立抗日民族统一战线发挥了很好作用。

　　1942 年，延安新体育学会组织了篮球、排球比赛，比赛从秋天一直进行到冬天。篮球、排球赛后，又开始了足球赛。冬季滑冰与夏季游泳，也是延安盛行的体育活动。延安铁工厂制造了大量冰鞋，每到冬天，延河便成了天然冰场。周六晚上，延安体育会便在这里挂上几盏汽灯，把冰场照得通明，场上的滑冰能手进行的花样滑冰表演常常博得大家的掌声。1943 年，延安还开了一次冰上运动会，有各种滑冰项目的竞赛、冰上游戏和表演。夏天，延河又成了天然

▲1942 年延安"九一"扩大运动会

▲1942 年"九一"扩大运动会时，八路军在延安的延河开展水上运动。此为运动员在跳水

新四军开展丰富的体育活动

1. 新四军运动会开展单杠比赛。为确保安全，单杠下有人手托木杠，防止折断
2. 新四军战士进行攀绳比赛
3. 新四军战士进行跳马比赛
4. 新四军战士参加单杠比赛。为了确保杠架稳定，上去两个人"配重"
5. 新四军战士举行篮球比赛
6. 新四军战士开展乒乓球赛
7. 新四军战士开展射击比赛
8. 新四军发明新的运动项目——水上跳马

1	2	3
4	5	6
7	8	

的游泳场。在游泳高手的指导下，延安游泳运动迅速开展起来。

革命根据地体育运动的开展，不仅有利于中国共产党人在艰难困苦条件下保持乐观精神，还增强了将士战胜困难、消灭敌人的信心。

带头开展根据地体育活动

❶ 朱德总司令在延安参加八路军排球赛（扣球者为朱德）

❷ 贺龙元帅一贯重视军队体育运动。抗战期间，他领导的一二〇师，组织了一个"战斗"篮球队，转战各抗日根据地，在部队中广泛推行体育比赛活动

❸ 1942年，冀热辽八路军战士们在休息的时候比赛腕力

❹ 1946年，毛泽东在王家坪兴致勃勃地打乒乓球

❺ 陕甘宁边区留守兵团战士们的课外活动——跳平台

1	2	3
4	5	

毛泽东早在青年时代就特别关心体育问题，他通过日常观察周边人群发现，我国城乡民众体质太差，这样的国家很难强大起来，于是开始琢磨怎样改善人民体质，于是他利用自己的学识和见解，撰写了一篇 6000 多字的《体育之研究》，通过他的老师杨昌济转交给刚刚担任编辑的李大钊，全文发表在当时最受青年人喜爱的《新青年》（1917 年 4 月第三卷第二号）上。这篇文章是毛泽东公开发表的第一篇文章。全文用文言体写成，语言精练，处处引经据典，足见毛泽东之博学，古文基础之扎实。文中，青年毛泽东对"国力恭＜茶＞弱，武风不振，民族之体质日趋轻细"的状况深感忧虑。同时，毛泽东看到了体育对增强民族体质、挽救民族于危亡的重要作用，于是阐述了体育"强筋骨、增知识、调感情、强意志"的四大作用，强调凡天下成大事者须文明其精神，野蛮其体魄。发表时，毛泽东署名为"二十八画生"。鉴于这篇文章出自于中国伟大的政治家、军事家毛泽东之手，无论内容还是语法，都值得当代青年学习。为方便大家学习，全文照录如后：

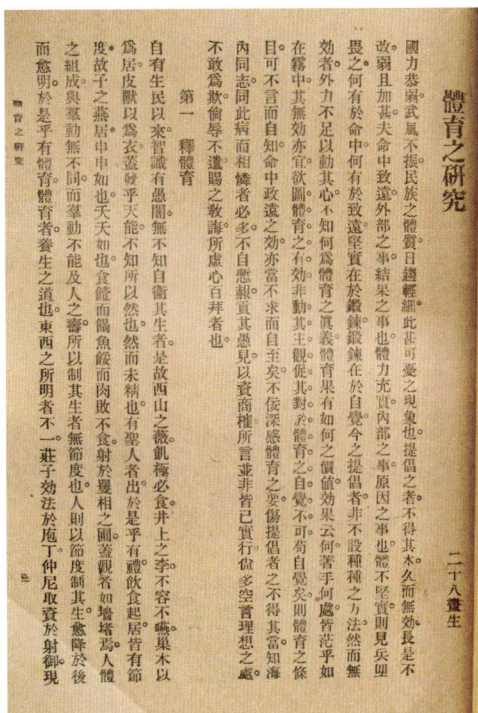

▲ 毛泽东发表《体育之研究》

附：

体育之研究

（二十八画生）

国力恭〈苶〉弱，武风不振，民族之体质日趋轻细，此甚可忧之现象也。提倡之者不得其本，久而无效，长是不改，弱且加甚。夫命中致远，外部之事，结果之事也；体力充实，内部之事，原因之事也。体不坚实，则见兵而畏之，何有于命中，何有于致远？坚实在于锻炼，锻炼在于自觉。今之提倡者非不设种种之方法，然而无效者，外力不足以动其心，不知何为体育之真义。体育果有如何之价值，效果云何，著手何处，皆茫乎如在雾中，其无效亦宜。欲图体育之有效，非动其主观，促其对体育之自觉不可。苟自觉矣，则体育之条目可不言而自知，命中政〈致〉远之效亦当不求而自至矣。不佞深感体育之要，伤提倡者之不得其当，知海内同志同此病而相怜者必多，不自惭赧，贡其愚见，以资商榷。所言并非皆已实行，尚多空言理想之处，不敢为欺。倘辱不遗，赐之教诲，所虚心百拜者也。

第一　释体育

自有生民以来，智识有愚暗，无不知自卫其生者。是故西山之薇，饥极必食，井上之李，不容不咽。巢木以为居，皮兽以为衣，盖发乎天能，不知所以然也，然而未精也。有圣人者出，于是乎有礼，饮食起居皆有节度。故"子之燕居，申申如也，夭夭如也"；"食饐而餲，鱼馁而肉败，不食"；"射于矍相之圃，盖观者如墙堵焉"。人体之组成与群动无不同，而群动不能及人之寿，所以制其生者无节度也。人则以节度制其生，愈降于后而愈明，于是乎有体育。体育者，养生之道也。东西之所明者不一：庄子效法于庖丁，仲尼取资于射御；现今文明诸国，德为最盛，其斗剑之风播于全国；日本则有武士道，近且因吾国之绪余，造成柔术，舰舰乎可观已。而考其内容，皆先精究生理，详于官体之构造，脉络之运行，何方发达为早，何部较有偏缺，其体育即准此为程序，抑其过而救其所不及。故其结论，在使身体平均发达。由此言之，体育者，人类自养其生之道，使身体平均发达，而有规则次序之可言者也。

第二 体育在吾人之位置

体育一道，配德育与智育，而德智皆寄于体，无体是无德智也。顾知之者或寡矣，或以为重在智识，或曰道德也。夫知识则诚可贵矣，人之所以异于动物者此耳。顾徒知识之何载乎？道德亦诚可贵矣，所以立群道平人己者此耳。顾徒道德之何寓乎？体者，为知识之载而为道德之寓者也，其载知识也如车，其寓道德也如舍。体者，载知识之车而寓道德之舍也。儿童及年入小学，小学之时，宜专注重于身体之发育，而知识之增进、道德之养成次之；宜以养护为主，而以教授训练为辅。今盖多不知之，故儿童缘读书而得疾病或至夭殇者有之矣。中学及中学以上宜三育并重，今人则多偏于智。中学之年，身体之发育尚未完成，乃今培之者少而倾之者多，发育不将有中止之势乎？吾国学制，课程密如牛毛，虽成年之人，顽强之身，犹莫能举，况未成年者乎？况弱者乎？观其意，教者若特设此繁重之课以困学生，蹂躏其身而残贼其生，有不受者则罚。智力过人者，则令加读某种某种之书，甘言以饴之，厚赏以诱之。嗟乎，此所谓贼夫人之子欤！学者亦若恶此生之永年，必欲摧折之，以身为殉而不悔。何其梦梦如是也！人独患无身耳，他复何患？求所以善其身者，他事亦随之矣。善其身无过于体育。体育于吾人实占第一之位置，体强壮而后学问道德之进修勇而收效远。于吾人研究之中，宜视为重要之部。"学有本末，事有终始，知所先后，则近道矣。"此之谓也。

第三 前此体育之弊及吾人自处之道

三育并重，然昔之为学者详德智而略于体。及其弊也，偻身俯首，纤纤素手，登山则气迫，步〈涉〉水则足痉。故有颜子而短命，有贾生而早夭，王勃、卢照邻，或幼伤，或坐废。此皆有甚高之德与智也，一旦身不存，德智则从之而隳矣。惟北方之强，任金革死而不厌。燕赵多悲歌慷慨之士；烈士武臣，多出凉州。清之初世，颜习斋、李刚主文而兼武。习斋远跋千里之外，学击剑之术于塞北，与勇士角而胜焉。故其言曰："文武缺一岂道乎？"顾炎武，南人也，好居于北，不喜乘船而喜乘马。此数古人者，皆可师者也。

学校既起，采各国之成法，风习稍稍改矣。然办学之人犹未脱陈旧一流，囿于所习，不能骤变，或少注意及之，亦惟是外面铺张，不揣其本而齐其末。故愚观现今之体育,率多有形式而无实质。非不有体操课程也,非不有体操教员也,然而受体操之益者少,非徒无益,又有害焉。教者发令,学者强应,身顺而心违,精神受无量之痛苦,精神苦而身亦苦矣,盖一体操之终,未有不貌瘁神伤者也。饮食不求洁,无机之物、微生之菌入于体中,化为疾病;室内光线不足,则目力受害不小;桌椅长短不合,削趾适履,则躯干受亏;其余类此者尚多,不能尽也。

然则为吾侪学者之计如之何?学校之设备,教师之教训,乃外的客观的也,吾人盖尚有内的主观的。夫内断于心,百体从令,祸福无不自己求之者,我欲仁斯仁至,况于体育乎。苟自之不振,虽使外的客观的尽善尽美,亦犹之乎不能受益也。故讲体育必自自动始。

第四　体育之效

人者,动物也,则动尚矣。人者,有理性的动物也,则动必有道。然何贵乎此动邪?何贵乎此有道之动邪?动以营生也,此浅言之也;动以卫国也,此大言之也,皆非本义。动也者,盖养乎吾生,乐乎吾心而已。朱子主敬,陆子主静。静,静也;敬,非动也,亦静而已。老子曰"无动为大",释氏务求寂静。静坐之法,为朱陆之徒者咸尊之。近有因是子者,言静坐法,自诩其法之神,而鄙运动者之自损其体。是或一道,然予未敢效之也。愚拙之见,天地盖惟有动而已。

动之属于人类而有规则之可言者,曰体育。前既言之,体育之效则强筋骨也。愚昔尝闻,人之官骸肌络及时而定,不复再可改易,大抵二十五岁以后即一成无变。今乃知其不然。人之身盖日日变易者:新陈代谢之作用不绝行于各部组织之间,目不明可以明,耳不聪可以聪,虽六七十之人犹有改易官骸之效,事盖有必至者。又闻弱者难以转而力强,今亦知其非是。盖生而强者滥用其强,不戒于种种嗜欲,以渐戕<戕>贼其身,自谓天生好身手,得此已足,尚待锻炼?故至强者或终转为至弱。至于弱者,则恒自闵其身之不全,而惧其生之不永,就业自持:于消极方面则深戒嗜欲,不敢使有损失;于积极方面则勤自锻炼,增益其所不能。久之遂变而为强矣。故生而强者不必自喜也,生而弱者不必自悲也。吾生而弱乎,或者天之诱我以至于强,未可知。东西著称之体育家,若美之罗斯福,德之孙棠,日本之嘉纳,皆以至弱之身,而得至强之效。又尝闻之:精神身体不能并完,用思想之人每歉于体,而体魄蛮健者多缺于思。其说亦谬。此盖指薄志弱行之人,非所以概乎君子也。孔子七十二而死，未闻其身体不健；释迦往来传道，死年亦高；邪苏不幸以冤死；至于摩诃末，左持经典，右执利剑，征压一世，此皆古之所谓圣人，而最大之思想家也。今之伍秩庸先生，七十有余岁矣，自谓可至百余岁，彼亦用思想之人也；王湘绮死年七十余，而康健镶〈矍〉铄。为是说者其何以解邪？总之，勤体育则强筋骨，强筋骨则体质可变，弱可转强，身心可以并完。此盖非天命而全乎人力也。

非第强筋骨也，又足以增知识。近人有言曰：文明其精神，野蛮其体魄。此言是也。欲文明其精神，先自野蛮其体魄；苟野蛮其体魄矣，则文明之精神随之。夫知识之事，认识世间之事物而判断其理也，于此有须于体者焉。直观则赖乎耳目，思索则赖乎脑筋，耳目脑筋之谓体，体全而知识之事以全，故可谓间接从体育以得知识。今世百科之学，无论学校独修，总须力能胜任。力能胜任者，体之强者也；不能胜任者，其弱者也。强弱分，而所任之区域以殊矣。

非第增知识也，又足以调感情。感情之于人，其力极大。古人以理性制之，故曰"主人翁常惺惺否"，又曰"以理制心"。然理性出于心，心存乎体。常观罢弱之人往往为感情所役，而无力以自拔；五官不全及肢体有缺者多困于一偏之情，而理性不足以救之。故身体健全，感情斯正，可谓不易之理。以例言之：吾人遇某种不快之事，受其刺〈刺〉激，心神震荡，难于制止，苟加以严急之运动，立可汰去陈旧之观念，而复使脑筋清明，效盖可立而待也。

非第调感情也，又足以强意志。体育之大效盖尤在此矣。夫体育之主旨，武勇也。武勇之目，若猛烈，若不畏，若敢为，若耐久，皆意志之事。取例明之，如冷水浴足以练习猛烈与不畏，又足以练习敢为。凡各种之运动持续不改，皆有练习耐久之益，若长讵〈距〉离之赛跑，于耐久之练习尤著。夫力拔山气盖世，猛烈而已；不斩楼兰誓不还，不畏而已；化家为国，敢为而已；八年于外，三过其门而不入，耐久而已。要皆可于日常体育之小基之。意志也者，固人生事业之先驱也。

肢体纤小者举止轻浮，肤理缓弛者心意柔钝，身体之影响于心理也如是。体育之效，至于强筋骨，因而增知识，因而调感情，因而强意志。筋骨者，吾人之身；知识、感情、意志者，吾人之心。身心皆适，是谓俱泰。故夫体育非他，养乎吾生、乐乎吾心而已。

第五　不好运动之原因

运动为体育之最要者。今之学者多不好运动，其原因盖有四焉：一则无自觉心也。一事之见于行为也，必先动其喜为此事之情，尤必先有对于此事明白周详知其所以然之智。明白周详知所以然者，即自觉心也。人多不知运动对于自己有如何之关系，或知其大略，亦未至于亲切严密之度，无以发其智，因无以动其情。夫能研究各种科学孜孜不倦者，以其关系于己者切也，今日不为，他日将无以谋生，而运动则无此自觉。此其咎由于自己不能深省者半，而教师不知所以开之亦占其半也。一则积习难返也。我国历来重文，羞齿短后，动有"好汉不当兵"之语。虽知运动当行之理与各国运动致强之效，然旧观念之力尚强，其于新观念之运动盖犹在迎拒参半之列，故不好运动，亦无怪其然。一则提倡不力也。此又有两种：其一，今之所称教育家多不谙体育。自己不知体育，徒耳其名，亦从而体育之，所以出之也不诚，所以行之也无术，遂减学者研究之心。夫荡子而言自立，沉湎而言节饮，固无人信之矣。其次，教体操者多无学识，语言鄙俚，闻者塞耳，所知惟此一技，又未必精，日日相见者，惟此机械之动作而已。夫徒有形式而无精意以贯注之者，其事不可一日存，而今之体操实如是。一则学者以运动为可羞也。以愚所考察，此实为不运动之大原因矣。夫衣裳褆褆、行止于于、瞻视舒徐而夷犹者，美好之态，而社会之所尚也。忽尔张臂露足，伸肢屈体，此何为者邪？宁非大可怪者邪？故有深知身体不可不运动，且甚思实行，竟不能实行者；有群行群止能运动，单独行动则不能者；有燕居私室能运动，稠人广众则不能者。一言蔽之，害羞之一念为之耳。四者皆不好运动之原因。第一与第四属于主观，改之在己；第二与第三属于客观，改之在人，君子求己，在人者听之可矣。

第六　运动之方法贵少

愚自伤体弱，因欲研究卫生之术。顾古人言者亦不少矣，近今学校有体操，坊间有书册，冥心务泛，终难得益。盖此事不重言谈，重在实行，苟能实行，得一道半法已足。曾文正行临睡洗脚、食后千步之法，得益不少。有老者年八十犹康健，问之，曰："吾惟不饱食耳。"今之体操，诸法樊陈，更仆尽之，宁止数十百种？巢林止于一枝，饮河止于满腹，吾人惟此身耳，惟此官骸藏脏络耳，虽百其法，不外欲使血脉流通。夫法之致其效者一，一法之效然，百法之效亦然，则余之九十九法可废也。目不两视而明，耳不两听而聪，筋骨之锻炼而百其方法，是扰之也，欲其有效，未见其能有效矣。夫应诸方之用，与锻一己之身者不同。浪桥所以适于航海，持竿所以适于逾高，游戏宜乎小学，兵式宜乎中学以上，此应诸方之用者也。运动筋骸使血脉流通，此锻一己之身者也。应诸方之用者其法宜多，锻一己之身者其法宜少。近之学者多误此意，故其失有二：一则好运动者以多为善，几欲一人之身，百般俱备，其至无一益身者；一则不好运动者见人之技艺多，吾所知者少，则绝弃之而不为。其宜多者不必善，务广而荒，又何贵乎？少者不必不善，虽一手一足之屈伸，苟以为常，亦有益焉。明乎此，而后体育始有进步可言矣。

第七　运动应注意之项

凡事皆宜有恒，运动亦然。有两人于此，其于运动也，一人时作时辍，一人到底不懈，则效不效必有分矣。运动而有恒，第一能生兴味。凡静者不能自动，必有所以动之者，动之无过于兴味。凡科学皆宜引起多方之兴味，而于运动尤然。人静处则甚逸，发动则甚劳，人恒好逸而恶劳，使无物焉以促之，则不足以移其势而变其好恶之心。而此兴味之起，由于日日运动不辍。最好于才起临睡行两次运动，裸体最善，次则薄衣，多衣甚碍事。日以为常，使此运动之观念相连而不绝，今日之运动承乎昨日之运动，而又引起明日之运动。每次不必久，三十分钟已足。如此自生一种之兴味焉。第二能生快乐。运动既久，成效大著，发生自己价值之念。以之为学则胜任愉快，以之修德则日起有功，心中无限快乐，亦缘有恒而得也。快乐与兴味有辨：兴味者运动之始，快乐者运动之终；兴味生于进行，快乐生于结果。二者自异。

有恒矣，而不用心，亦难有效。走马观花，虽日日观，犹无观也。心在鸣〈鸿〉鹄，虽与俱学，勿若之矣。故运动有注全力之道焉。运动之时，心在运动，闲思杂虑，一切屏去，运心于血脉如何流通，筋肉如何张弛，关节如何反复，呼吸如何出入，而运作按节，屈伸进退，皆一一踏实。朱子论主一无适，谓吃饭则想著吃饭，穿衣则想著穿衣。注全力于运动之时者，亦若是则已耳。

文明柔顺，君子之容，虽然，非所以语于运动也。运动宜蛮拙。骑突枪鸣，十荡十决，喑呜颓山岳，叱咤变风云，力拔项王之山，勇贯由基之札，其道盖存乎蛮拙，而无与于纤巧之事。运动之进取宜蛮，蛮则气力雄，筋骨劲。运动之方法宜拙，拙则资守实，练习易。二者在初行运动之人为尤要。

运运〈动〉所宜注意者三：有恒，一也；注全力，二也；蛮拙，三也。他所当注意者尚多。举其要者如此。

第八　运动一得之商榷

愚既粗涉各种运动，以其皆系外铄而无当于一己之心得，乃提挈各种运动之长，自成一种运动，得此运动之益颇为不少。凡分六段：手部也，足部也，躯干部也，头部也，打击运动也，调和运动也。段之中有节，凡二十有七节。以其为六段，因名之曰"六段运动"。兹述于后，世之君子，幸教正焉。

一、手部运动，坐势。

1. 握拳向前屈伸，左右参，三次（左右参者，左动右息，右动左息，相参互也）。

2. 握拳屈时前侧后半圆形运动，左右参，三次。

3. 握拳向前面下方屈伸，左右并，三次（左右并者，并动不相参互）。

4. 手仰向外拿，左右参，三次。

5. 手覆向外拿，左右参，三次。

6. 伸指屈时前剌〈刺〉，左右参，三次。

二、足部运动，坐势。

1. 手握拳左右垂。足就原位一前屈，一后斜伸，左右参，三次。

2. 手握拳前平。足一侧伸，一前屈。伸者可易位，屈者惟趾立，臀跟相接，左右参，三次。

3. 手握拳左右垂。足一支一揭，左右参，三次。

4. 手握拳左右垂。足一支一前踢，左右参，三次。

5. 手握拳左右垂。足一前屈，一后伸。屈者在原位，伸者易位，两足略在直线上，左右参，三次。

6. 手释拳。全身一起一蹲，蹲时臀跟略接，三次。

三、躯干部运动，立势。

1. 身向前后屈，三次（手握拳，下同）。

2．手一上伸，一下垂。绷张左右胸肋，左右各一次。

3．手一侧垂，一前斜垂。绷张左右背肋，左右各一次。

4．足丁字势。手左右横荡，扭捩腰胁，左右各一次。

四、头部运动，坐势。

1．头前后屈，三次。

2．头左右转，三次。

3．用手按摩额部、颊部、鼻部、唇部、喉部、耳部、后颈部。

4．自由运动。头大体位置不动，用意使皮肤及下颚运动，五次。

五、打击运动，不定势（打击运动者，以拳遍击身体各处，使血液奔注，筋肉坚实，为此运动之主）。

1．手部。右手击左手，左手击右手。

(1)前膊。上面、下面、左面、右面。

(2)后膊。上面、下面、左面、右面。

2．肩部。

3．胸部。

4．胁部。

5．背部。

6．腹部。

7．臀部。

8．腿部。上腿、下腿。

六、调和运动，不定势。

1．跳舞，十余次。

2．深呼吸，三次。

　　毛泽东毕生都是体育运动的积极倡导者和实践者。他根深蒂固的体育理念奠定了中国体育不断发展壮大的基础。时至今日，这篇文章依然具有重要的借鉴意义和参考价值。

第三章
日出东方——令人振奋的中国现代体育

中华人民共和国成立后，党和政府高度重视体育工作，把增强人民的体质，提高全民族的健康水平，作为社会主义体育事业的首要任务。中华人民共和国成立之初，便成立了中华全国体育总会，1952年成立了国家体育运动委员会。此后，各级体委机构也建立起来，教育部门、共青团、工会和部队都成立了体育机构。到20世纪80年代，还成立了多个全国性行业体育协会，从组织上加强对各行各业体育工作的领导。在党的坚定领导下，中国大众体育越办越好，而且培养了很多出类拔萃的体育人才，所取得的成果，令人振奋。

中华人民共和国成立初期运动会

1951 年 5 月 4 日—16 日，全国篮球、排球比赛在北京先农坛体育场举行。这是中华人民共和国成立后首次举办的全国性运动赛事。参加这次比赛的分别有东北代表队、华北代表队、西北代表队、华东代表队、中南代表队、西南代表队、解放军代表队和铁路代表队，共八支队伍。比赛结果：男子篮球冠军为华东代表队，亚军为华北代表队；男子排球冠军为中南代表队，亚军为华北代表队。

1952 年 8 月 1 日—11 日，中国人民解放军第一届体育运动大会在北京举行。这是自 1927 年中国人民解放军建军以来规模空前的一次全军体育盛会，参加大会的有来自各大军区，各军种、兵种和直属单位的 1800 多名男女运动员，其中不仅有战士和中下级干部，还有师以上级别的干部，如军事学院拔河代表队中就有 6 位是身经百战、屡立战功的老红军。运动会共进行了军事（包括通过障碍、投掷手榴弹、500 米全副武装越野跑等）、田径、体操、举重、球类等 44 个项目的竞赛和航空、马术、摩托车、团体操等 42 个项目的表演。毛泽东、朱德等国家领导人当时身着正装出席了闭幕式。解放军运动会共举办过 4 届，第二届的举办时间为 1959 年 5 月 6 日—16 日，第三届的举办时间为 1975 年 5 月 11 日—25 日，第四届的举办时间为 1979 年 5 月 13 日—25 日。4 届运动会均在北京举办，比赛内容除常规的竞技项目外，还特别设置了军事需要的体育项目，如跳伞、摩托车、武装泅渡、装甲车射靶、火箭发射、布雷等。此外1955年10月还在北京举行了中国人民解放军"全军射击与体育检阅大会"；1973年5月—9月分别在济南、武汉、沈阳、北京、上海、南京6个赛区举行了解放军一九七三年运动会。人民解放军历次不同规模的体育比赛，为中国体育事业大发展做出了卓越贡献。

1952年，铁路系统举办了第一届全国铁路运动会。1953年，国家在天津市举办了全国民族形式体育表演及竞赛大会，1984年，中华人民共和国国家体育运动委员会将这次大会定为第一届全国少数民族传统体育运动会。1955年，举办全国第一届工人体育运动大会。1956年为参加第十六届墨尔本奥运会，我们国家又举办一次规模空前的体育大会，目的是发现各个项目的体育人才，选拔出战奥运会的运动员。本部分收录了1953年到1963年之间举办的部分全国规模的运动会。笔者认为1959年举办的中华人民共和国第一届全国运动会是一次规模盛大且被正式命名的运动会，故在本章将其单独作为一部分来介绍。

中华人民共和国第一代领导人十分重视体育事业发展，意识到体育运动是增强人民体质的根本措施，对于一个国家的强大有着难以估量的作用，而体育强国也是国家富强的基础。为鼓舞全民体育事业的开展，每逢重大体育赛事，党和国家主要领导人都积极出席。其中有些领导还曾在运动会上发表重要讲话，向获奖运动员颁发奖品等，极大地激发和鼓舞了运动员的参赛热情。

▲ 国家领导人一起观看中华人民共和国第一届全国运动会。前排从左至右为：周恩来、朱德、
毛泽东、刘少奇。给毛泽东主席介绍情况的是中华人民共和国国家体育运动委员会副主任荣高棠

▲ 毛泽东主席、朱德总司令和参加中华
人民共和国第一届全国运动会的运动员
在一起

▶ 1959 年，毛主席接见乒乓球运动员
李富荣

▲ 1959 年 10 月召开的中华人民共和国第一届全国运动会上，周恩来到会场近距离观看比赛

▲ 彭真、邓小平、贺龙在北京工人体育场观看足球赛

五次不同规模的全国性运动会

　　中华人民共和国成立初期，国家百废待兴，各项事业都要从头抓起，国家领导人事务性工作非常忙。但为提高全民素质，中央人民政府仍将体育事业当作头等大事来抓，1950年起就出现了一些地方性的运动会。当时，社会体育活动搞得最好的是铁路系统，他们发动全系统干部职工，搞了一场轰轰烈烈的职工体育运动，从而引起中华全国体育总会的高度重视。以此为契机，中华全国体育总会组织了五次不同规模的全国性运动会。本部分就是当时的全国田径、体操、自行车运动大会，全国民族形式体育表演及竞赛大会等重大比赛的剪影，无论是比赛项目还是服饰发型，时代特色明显，真实再现了那个时代的国民气质和社会面貌。

▲ 1953年共举办五次不同类别的全国性运动会，此为当年的总画册封面

全国田径、体操、自行车运动大会

❶ 全国田径、体操、自行车运动大会开幕

❷ 运动会间隙，苏联教练指导中国体操运动员练习平衡木

❸ 解放军代表队铅球运动员罗连琪自采取"全面锻炼"后，成绩迅速提高

❹ 1953年，女子标枪冠军由解放军代表队运动员杨一庄获得

❺ 田赛在激烈进行中

1	2
3	4	5

径赛

田径赛男女个人总分冠军获得者：刘玉英（右，旅大海运学院三年级学生）刘城邦（中，济南铁路局武城站司磅员）、李秉诚（左，山东医学院体育教师）。

❶ 1953 年，运动会男子 110 米栏决赛

❷ 1953 年，运动会男子 4x400 米接力赛，解放军代表队和东北代表
队都打破了全国最高纪录

❸ 运动会上解放军代表队伊赛特格创 5000 米全国纪录

❹ 运动会上女子 800 米赛五人打破全国纪录

❺ 领先冲破 200 米终点线的是东北运动员刘玉英，她在这次大赛中连续
创造女子 100 米和 200 米两项全国新纪录，荣获女子个人总分第一

❻ 田径赛三位冠军得主，从左至右为李秉诚、刘城邦、刘玉英

❼ 自行车赛场精彩镜头集锦

❽ 体操大会之体操赛项

1		2
3	4	5
6	7	8

全国足球赛和青年足球锦标赛

全國足球賽和青年足球錦標賽

二月二十五日，是大會開幕的一天，上海虹口體育場的四周看台上，挤滿了歡樂的人們。場內賽藝地排列着三百二十二位壯健的青年男女運動員。運動場四周高懸，五彩繽紛的各種旗幟迎風飄揚。當五星紅旗徐徐上升，雄壯的國歌在肅穆中起奏的時候，無數的鴿子展翅翱翔在廣場上空。大會場上，一派和平春天的氣息。

上海市市長陳毅在開幕詞中指出：「足球運動是一種特別富有戰鬥性的運動，它使人們的體格得到全面鍛鍊，培養人們勇敢、米新、機智、堅強的意志以及集體主義的優秀品質。」他號召大家進行經常的體育鍛鍊之後，緊張的競賽開始了。精彩緊湊的場面一幕幕地出現在人們的眼前，扣人心弦的每個射門鏡頭，博得無數觀眾的掌聲。來自國防崗位上的英勇中國人民解放軍，以頑強越勇的頑強精神，連戰速捷，榮獲冠軍寶座。

全國青年足球錦標賽，對全國青年足球運動作了初步的檢閱，那些生氣勃勃，充滿青春活力的年輕運動員們，表現了勇敢、機敏、頑強的戰鬥意志和優良的道德作風，顯示出我國足球運動新生力量的成長。

大會經過八天三十三場分組單單循環比賽，於三月五日勝利閉幕。競賽結果：解放軍榮膺冠軍，華東隊獲亞軍；青年足球錦標賽：上海隊獲得冠軍，瀋陽隊亞軍。

在比賽過程中，各代表隊吸收了蘇聯先進經驗，確立了「快速進攻」的指導思想，一般地普遍運用了「全場人盯人」「突破一點」、全面進攻」的先進戰術。

在道德作風上，隊員們發揮了勇敢戰鬥，不顧不撓和號相進取，團結進步的精神。解放軍在每一場的比賽中，充分表現了他們刻苦耐勞，頑猛頑強的優良品質。

上海市陳毅市長圖詞。

解放軍和東北隊的冠軍決賽，圖為解放軍隊金家楷卷球直撲東北隊籃地，欲奮進門的情形。

華東隊和西北隊球員激烈爭球。

華東隊員猛射球門，解放軍隊守門徐程生躍起撲球。這一場球賽，解放軍又以二比一取得勝利。

▲ 足球一直是最热门的比赛项目

全国篮、排、网、羽四项球类运动大会

1 1953 年，全国蓝、排、网、羽四项球类运动大会项目介绍

2 八一篮球队为冠军队。此为媒体对这支劲旅的介绍

3 女排决赛在解放军代表队和西南代表队之间展开

4 男排决赛在中南代表队和解放军代表队间展开

5 羽毛球决赛

6 女子篮球赛：华北代表队与铁路代表队进行比赛

1	2
3	4
5	6

全国冰上运动大会

▲ 1953 年全国冰上运动大会。冰球决赛在东北代表队与华北代表队之间激烈进行

▲ 哈尔滨第六中学学生在表演冰上舞蹈

全国民族形式体育表演及竞赛大会

❶ 1953 年 11 月，全国民族形式体育表演及竞赛大会开幕

❷ 西北代表队司梯克一步步踩着倾斜 45 度角长 20 米的绳索走了上去

❸ 大会中步射、举石锁项目进行中

1 全国民族形式体育表演及竞赛大会中少数民族运动员入场式

2 东北代表队运动员权京子表演"跳板"

3 此为轻量级举重冠军——解放军代表队运动员李君伟，总成绩 295 公斤

4 骑术比赛主要在解放军代表队和内蒙古代表队之间进行

5 西南代表队少数民族运动员表演象脚鼓舞

1	2
3	4
5	

▲ 大会上，中南代表队运动员马春喜表演"峨眉刺"　▲ 华北代表队刘宝树、任俊峰表演武术对练套路"醉汉擒猴"

▲ 传统武术对练套路"拐子进剑"，表演者华东代表队运动员金连芳、佟佩云

❶ 华东代表队运动员高君珠、王菊蓉表演"刺剑"

❷ 西南代表队运动员蓝素贞表演"锦拳"

❸ 西南代表队运动员黄秀珍表演护手钩

❹ 华东代表队运动员王菊蓉表演"青龙双剑"

1	2
3	4

▲ 华北代表队运动员张万成表演"葵花枪"

▼ 中南代表队运动员沈少三表演"花式石锁"　　　　　▼ 华东代表队运动员宗祥生表演"童子功"

全国第一届工人体育运动大会

　　1954 年 11 月，中华人民共和国国家体育运动委员会（由 1952 年 11 月成立的中央人民政府体育运动委员会改名而来）和中华全国总工会召开第一次全国职工体育工作会议，建议 1955 年国庆期间在

▲ 为纪念全国第一届工人体育运动大会出版的专刊（1956 年 5 月出版）。封面人物为自行车赛前三名。从左至右为李凤琴（第一名）、李桂芝（第二名）、吴淑华（第三名）

北京举办全国第一届工人体育运动大会。为发现优秀运动员，在全国范围内有 100 多万职工参加了各级选拔赛，内中有 17 个产业系统举办了产业运动会，共选出运动员 1700 多名。这样的体育选拔活动，大大激发了全国各族人民广泛参与运动健身的热潮。本部分为 1955 年全国各地各行业职工参加运动会选拔赛时的部分镜头和全国第一届工人体育运动大会的比赛盛况。

▲1955 年 10 月，全国第一届工人体育运动大会成功举办。此为开幕式上中央体育学院学生表演绿绸舞

全国第一届工人体育运动大会筹备中

▲ 全国各地选拔上来的运动员云集北京，参加全国第一届工人体育运动大会

▲ 苏联工会体育代表团和运动员出席全国第一届工人体育运动大会

▼ 团中央书记胡耀邦（左五）十分关心体育事业。此为胡耀邦正和参加全国第一届工人体育运动大会的运动员进行座谈

各地区选拔赛

❶ 全国第一届工人体育运动大会开幕前，各代表队运动员、全国劳模和海员也参加全国选拔赛

❷ 有体育特长的哺乳期女青年也积极参加全国选拔赛。比赛时，婴儿有专人负责看护

❸ 在青岛举行的体操选拔赛上，青海教育队工人运动员朱凤笙表演平衡木

❹ 北京玻璃厂女工在学习游泳，准备参加全国第一届工人体育运动大会全国选拔赛

❺ 重庆 601 纺织厂工人在重庆人民文化宫游泳池进行选拔比赛

❻ 1955 年 7 月，在北京召开的全国第一届农业水利工人体育选拔大会上，周恩来到场与运动员亲切交谈，右一女青年为安徽梅山水库劳动模范徐能英，右二为甘肃开荒能手马发如

1	2	3
4	5	6

❶ 1955 年 7 月，中国火星体育协会全国第一届工人体育运动大会在北京举办，旨在选拔优秀运动员参加 10 月份的全国第一届工人体育运动大会。图为白山篮球队与长江篮球队比赛

❷ 1955 年 8 月，全国邮电工人球类代表队选拔赛在济南举办。图为北京队与天津队进行排球比赛

❸ 广东省举行了足球比赛。图为梅县工人代表队和龙川队比赛的情形

1	2
3

▼ 运动员短跑进行中

全国第一届工人体育运动大会上的球类比赛项目

❶ 荣获冠军的轻工业篮球队队员在总结经验

❷ 观看比赛的外宾

❸ 大连造船厂工人与中央体育学院学生的篮球比赛

▲ 火车头体工队在女篮比赛中夺冠

▲ 全国第一届工人体育运动大会上足球赛场景

火车头体工队田径风采

❶ 火车头体工队获男子 5000 米长跑冠军

❷ 火车头体工队李中林以 1 分 56 秒获男子 800 米决赛冠军

❸ 火车头体工队崔爱麟获女子 80 米低栏冠军

❹ 在全国第一届工人体育运动大会中，火车头体工队滕玉莲获铁饼和铅球两项冠军

❺ 火车头体工队获女子 4x100 米接力赛冠军

```
1 | 2
3 |
5 | 4
```

赛况剪影

重工业队陈庭槐获
得男子跳高冠军。

男子手榴弹掷远者六名获得者。火车
头队沙金龙获得冠军；火车头队刘成邦获得
亚军；第三名是重工业陈巴格马洛夫。

上：教育陈刘国华获得撑竿跳高冠军。

❶ 纺织队严青梅获女子手榴弹掷远比赛冠军

❷ 商店店员是工人重要组成部分，也组成独立运动队，比赛中
上海店员队何先霞获女子跳远冠军

❸ 重工业队鹿增祥获男子跳高冠军

❹ 男子手榴弹掷远获奖者

❺ 男子撑竿跳高比赛中教育队刘国华获得冠军

1	2	3
4	5	

❶ 运动员现场学习投铅球方法

❷ 自行车比赛进行中

❸ 新疆维吾尔自治区职工参加拔河赛

❹ 北京国棉二厂女工参加野外射击比赛

❺ 内蒙古职工代表队表演传统射箭项目

❻ 教育队王毅以 34.44 米成绩打破全国女子标枪纪录并获得冠军

1		2
3		
4	5	6

第十六届墨尔本奥运会选拔赛

　　1949 年，国际奥委会在罗马举行第四十四届国际奥林匹克委员会全体会议，投票选择第十六届奥运会主办地点，墨尔本最终以一票优势得到主办权。1952 年 7 月 29 日，中华人民共和国首次派团参加在芬兰首都赫尔辛基举办的第十五届夏季奥运会，随即决定参加第十六届墨尔本奥运会，各省市体育机构积极做好准备。1956 年 10 月 7 日至 19 日在北京举行了盛况空前的运动员选拔赛，来自全国各地的 1400 多名运动员参加了选拔竞赛，选拔竞赛中，每个项目都打破了全国纪录，有些成绩甚至达到国际水平。这次虽然只是一次大规模选拔赛，但运动员以高度认真的态度参加，赛出了各项最高水平，对促进我国体育事业发展，锤炼运动员基本功，具有深远意义。然而选拔赛刚刚结束，得知国际奥委会在美国政府操纵下拟邀请中国台湾地区单独派遣代表团参赛，党中央立即决定拒绝参加此次奥运会。

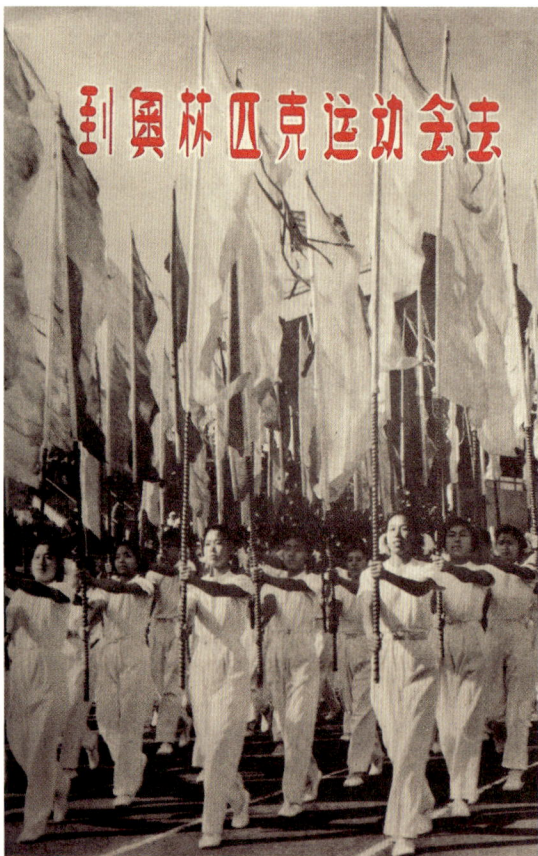

▲ 1956 年出版的第十六届墨尔本奥运会选拔赛画册封面

▲ 第十六届奥运会选拔赛开幕现场

◀ 1956 年，刘少奇携夫人王光美一起观看第十六届墨尔本奥运会选拔赛

▶ 1956 年，周恩来接见中华人民共和国第一批原计划参加第十六届墨尔本奥运会的各项选拔赛冠军

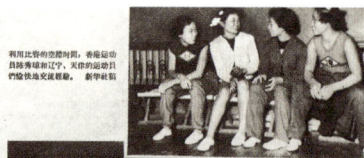

利用比赛的空隙时间，香港运动员陈秀雄和辽宁、天律的运动员们愉快地交流经验。 新华社稿

香港运动员朱锦运在表演单杠上的自选动作。 新华社稿

这个在平衡木上表演的小姑娘是香港运动员陈秀福，她今年才16岁，学舞体操的时间也很短，可是动作却很优美、柔软。人家问她怎样练习的：她微笑着回答说："我红尖学过芭蕾舞"。 戴 孝骞

▲ 体操运动员选拔中

女 子 全 能 冠 軍

记者们多紧张啊：他们都想把最美妙的动作拍入镜头。李虎臣摄

全能冠军郭可愚高低杠的分数最高，她正在很有把握地完成这套动作中最难的腾体翻下的下摆动作。 李虎臣摄

▲ 女子全能冠军郭可愚

▲ 港澳运动员积极参加选拔赛

▲ 游泳选拔赛于 10 月 16 日、17 日在北京举行,林锦珠男子 100 米自由战绩为 57 秒 8,穆祥雄(左三)男子 100 米蛙泳成绩达到世界前三名水平

▲ 上海运动员戴丽华获女子 200 米蛙泳冠军,成绩 3 分 8 秒 1

◀ 游泳冠军戴丽华和妈妈一起看比赛

❶ 山东运动员郑凤荣跳过 1.55 米，打破女子跳高全国纪录

❷ 广东运动员蔡艺墅在进行撑竿跳高比赛，成绩 4.15 米

❸ 山东铁饼运动员向香港运动员传授握饼经验

▲ 径赛之激烈场面。浙江运动员姜玉民（112号）以12秒5的成绩打破全国女子100米最高纪录

▲ 举重英杰陈镜开，挺举成绩130公斤

▲ 解放军运动员张铉展示手枪慢射姿势

赵善俊的立射。 徐 才摄

連获三項冠軍的优秀射手

山东省射击运动员赵善俊在这次比赛中接连获得了自选小口
径步枪 50 公尺卧、跪、立三种姿势，自选小口径步枪 50 公尺
卧射，和自选大口径步枪 300 公尺卧、跪、立三种姿势的三项
冠军。

▲ 山东运动员赵善俊展示立射姿势

中华人民共和国第一届全国运动会

　　中华人民共和国第一届全国运动会（下称第一届全运会）于1959年9月13日至1959年10月3日在北京隆重召开，这是中国体育事业前进途中的一块重要里程碑。党和国家领导人日常特别注重提高人体素质的锻炼，对中国的体育事业十分重视，毛泽东主席还坚定地提出了"发展体育运动，增强人民体质"的响亮口号，举国上下经过多次举办不同规模运动竞赛的历练，到1959年夏，已有3000多万人通过了"劳卫制"各级标准，500多万人达到了运动员标准，1300人达到了运动健将标准。在这样一个群众体育热潮基础上，党中央做出决定，第一届全运会在北京隆重举办。各地为了迎接这次运动会，先后有5000多万人参加了各地选拔赛，经过层层筛选，共有29个体育代表团的10 000多名运动员参加比赛。在这次运动会期间，苏联、法国等24个友好国家和地

▲ 中华人民共和国国家体育运动委员会第一任主任贺龙在第一届全运会上致辞

区均派出代表团前来参加开幕式。

第一届全运会经 20 天的激烈角逐，有 7 名运动员在 4 个项目上打破了世界纪录，664 人 844 次打破了游泳、田径、射击、举重等 106 个单项的全国纪录，充分体现了全民体育活动的重大成果。第一届全运会，是全国各族人民在中国共产党领导下，第一次以最高的水平、最强的阵容、最骄人的风采交给世界人民的一份答卷——饱受屈辱的中国人民真的站起来了！

我们熟悉的钟南山院士曾在第一届全运会上，以 54.4 秒的成绩打破当时男子 400 米项目的全国纪录。

▲ 各路健儿云集首都。这是当年的北京火车站，位于前门东侧，现在是铁路博物馆

▲ 第一届全运会开幕现场

▲ 第一届全运会主会场馆外观众

▲ 运动员在接受检阅前认真整装，以最美好的姿态呈现给观众

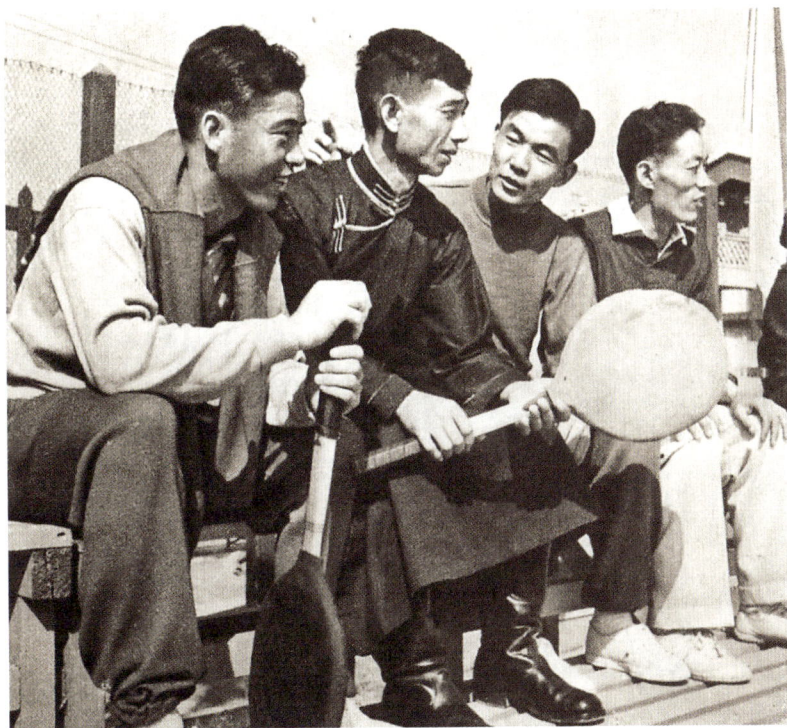

▲ 男子网球单打冠军朱振华（左三）、亚军梅福基（左一）和内蒙古自治区运动员在球场上观摩比赛

▲ 闭幕式的颁奖现场

篮、排、羽等球类运动

1. 北京队与河北队进行女子篮球比赛
2. 战术多样的四川男子篮球队（冠军）与北京队（亚军）决赛时情形
3. 女子篮球冠军被北京队获得。图为北京队与吉林队进行半决赛
4. 解放军女子排球队（拦网方）保持不败纪录，获得冠军，亚军为上海队
5. 解放军男子排球队（拦网方）对战湖北队
6. 北京队获得女子手球冠军
7. 女子垒球比赛北京队（白衣）获得冠军
8. 羽毛球比赛项目的冠军均被福建运动员获得。图为男子单打冠军王文教和女运动员黄杉在混合双打中

1	2	3
4	5	6
7		8

乒乓球比赛的赛况

① 北京队运动员邱钟惠（前）、叶佩琼（后）获得乒乓球女子双打冠军

② 北京队运动员邱钟惠（前）、庄则栋（后）获得乒乓球男女双打冠军

③ 广东队运动员胡克明获乒乓球女子单打冠军

④ 乒乓球男子双打冠军为北京队运动员姜永宁（前）、庄家富（后）

⑤ 在比赛中曾击败世界冠军容国团的上海队小将李富荣，此次获得男子单打第四名

⑥ 女子乒乓球团体冠军为北京队

⑦ 男子乒乓球团体冠军为上海队

1		2
3	4	5
6		7

游泳比赛的赛况

❶ 广东队钱旭芬、林锦珠、符大进、李喜庆（自左到右）在男子 4×200 米自由泳接力赛中获冠军，成绩是 8 分 56 秒，打破了全国纪录

❷ 河北运动员穆祥雄在男子 100 米蛙泳赛中，以 1 分 11 秒 1 的成绩 打破了他自己创造的世界纪录。图片展示的是他第三次打破世界纪录时， 观众对他的热烈祝贺

❸ 上海运动员周咏琪 100 米仰泳的成绩为 1 分 18 秒 6，女子 200 米 仰泳的成绩为 2 分 52 秒，两项成绩都创下全国纪录

❹ 上海运动员戴丽华女子 100 米自由泳以 1 分 9 秒 4 的成绩打破全国 纪录。她在女子 200 米自由泳中也获得冠军，成绩是 2 分 40 秒 5

❺ 三个同龄的跳水小将在跳水池畔交流经验

1	2
3	4	5

田径与其他

▶ 内蒙古队运动员张云程（领先者）在马拉松（42.195公里）比赛中以2小时29分55秒8跑完全程，获得冠军

▲ 河北队运动员李贺年（46号）获得1500米和3000米冠军，他分别以3分55秒7和8分30秒6的成绩打破了这两项全国纪录

▲ 湖北队运动员李必华以 10 秒 8 的成绩获得男子 100 米冠军

▼ 解放军运动员陈有才获男子 3000 米障碍赛冠军，成绩是 9 分 23 秒 4

▲ 湖南队运动员张畅加（196号）和贵州队运动员陈正绣（340号）在女子800米决赛中

◀ 北京队以3分21秒2的成绩打破男子4×400米接力赛的全国纪录，获得该项冠军

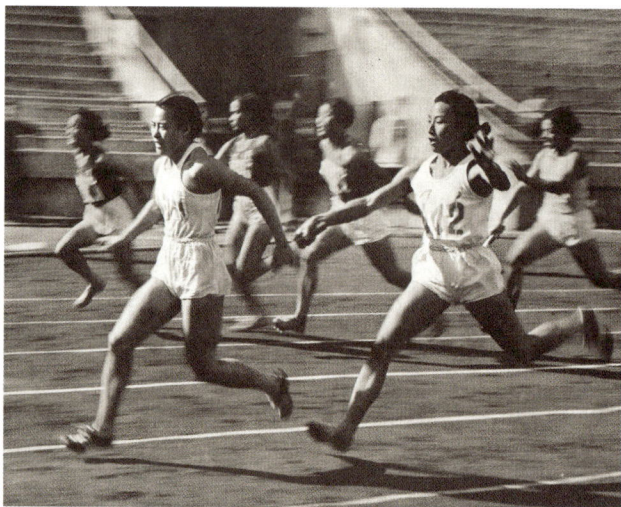

◀ 北京队在女子 4 x 100 米
接力赛中，以 49 秒 4 的成绩
取得冠军

▼ 解放军队黄志勇（领先者）打破男子 5000 米和 10 000 米的全国纪录

▲ 女子高低杠比赛，云南队运动员戚玉芳获冠军

▲ 女子平衡木亚军为河北队运动员马雯娟获得

▶ 男子单杠冠军为北京队运动员吴树德获得

◀ 在女子技巧单跳中，年仅 13 岁的
安徽队运动员丁照芳获得冠军

▲ 北京队运动员黄新河获得女子自由体操冠军

▲ 江苏队运动员阮国良获得男子吊环冠军

▲ 广东队运动员陈斯骥、谭任民获得男子双人技巧冠军

▲ 在撑竿跳高比赛中，广东队运动员蔡艺墅跳过了
4.40 米，获得这个项目的冠军

▲ 山东队运动员郑凤荣在女子跳高决赛中跳过
1.70 米，获得了这个项目的冠军

▲ 北京队运动员段其炎获得男子跳高冠军，成绩
是 1.97 米

▲ 壮实的江苏队女铅球运动员崇秀云以 13.97 米的成绩取得这个项目的冠军

▲ 解放军队运动员贺永宪在男子铅球比赛中以 15.21 米的成绩获得冠军

▲ 获得女子铁饼冠军的辽宁队运动员石宝珠（右）在给四川队运动员刘德翠（第五名）作技术示范

▲ 北京队运动员韩菊元，以 41.29 米的成绩获得女子标枪冠军

▲ 古典式摔跤表演赛团体总分前三名
是河北队、北京队、新疆队

▲ 内蒙古队运动员曾格（左）、河北队运动员杨子明（右）

◀ 上海队运动员邵善康在武术长拳
比赛中名列第一

▲ 解放军队运动员陈蓉，在女子小口径竞赛专用步枪 50 米和 100 米各 30 发卧射比赛中，以 589 环的好成绩打破了 588 环的世界纪录

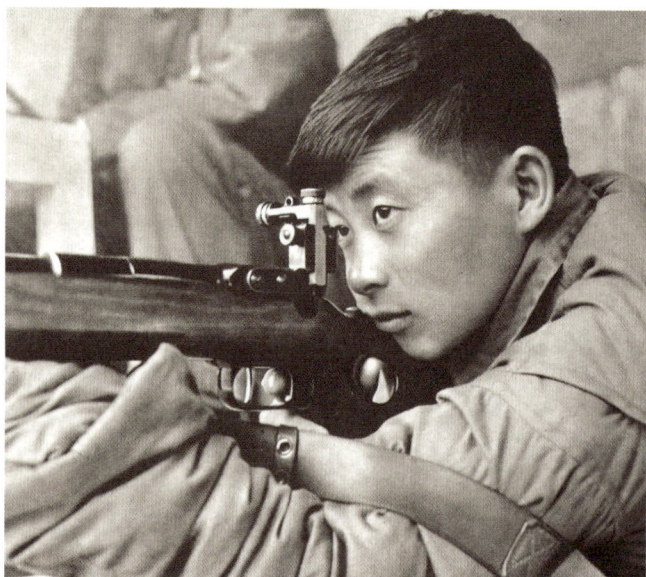

▲ 解放军队运动员董光荣，在男子小口径竞赛专用步枪卧、跪、立三种姿势射击比赛中，以 1114 环的总成绩获得冠军，并以卧姿 396 环的成绩追平世界纪录

◀河北队运动员赵庆奎荣获男子轻量级举重冠军，总成绩 415 公斤

▲ 参赛的藏族小骑手青赛玛

▲ 第一届全运会上，上海队运动员赵素霞获女子射箭全能冠军

◀ 解放军运动员徐开才获得男子射箭
比赛双轮全能冠军

▲ 多次打破世界射箭纪录的李淑兰在第一届全运会上风光依旧

航空模型运动

航空模型运动是以放飞、操纵自制的航空模型进行竞赛和创纪录飞行的一项航空运动。这项运动有助于培养人们对航空事业的兴趣，普及航空知识和技术，培养航空人才，发展智力，增进身体健康。航空模型是一种有尺寸和重量限制的雏形航空器，分为自由飞行、线操纵圆周飞行、无线电遥控飞行、象真模型 4 大类。

1903 年世界上第一架有人驾驶飞机出现后，航空模型运动逐渐开展起来。20 世纪 20 年代，美、英、法、苏等国普遍开展了航空模型运动。自 1926 年起，国际航空运动联合会每年举办国际航空模型比赛。初时仅有橡皮筋动力模型飞机参赛，以滞空时间长短决定胜负。航空模型按惯例分别举行自由飞行、线操纵飞行、无线电遥控特技、无线电遥控模型滑翔机、象真模型和室内模型等世界锦标赛。各项锦标赛每两年举行一次。

中国航空模型运动出现于民国时期。1920 年，中国留学生桂铭新研究制造的航空模型，在美国航空协会举办的一次比赛中，以飞行高度约 400 米、滞空时间 68 秒的成绩获得第一名。1940 年 10 月 27 日，香港《大公报》和其他几个教育文化团体，在香港联合举办了中国首次航模比赛。从 1941 年起，中国西南地区成都、重庆等地的一些航空模型爱好者，也开始进行航空模型的展览、表演和比赛。

中华人民共和国成立后，航空模型运动得到了迅速发展。到 1956 年，开展活动的城市已发展到近百个。1956 年起，中国每年都举办全国性比赛，项目逐渐增加，运动成绩不断提高。1959 年 4 月 6 日，王堪以 22 分 27 秒的成绩打破了活塞式发动机模型直升机滞空时间的世界纪录。在 1959 年举行的第一届全运会上，线操纵的航模圆周竞速达到 241.6 千米每小时，超过当时美国运动员创造的 227 千米每小时的世界纪录。

◀ 线操纵的航模圆周竞速达到 241.6 千米每小时，超过当时世界纪录，因而成为这届运动会一大亮点。图为观众聚精会神观看飞模竞赛

▲ 无线电遥控竞赛一角

新兴力量运动会

　　1962 年，印度尼西亚在雅加达举办了第四届亚洲运动会。印度尼西亚接受中国的建议，拒绝了中国台湾地区以"中华民国"的名义参赛。此后，美国掌控下的国际奥委会宣布不承认该届亚运会。在此情况下，时任印度尼西亚总统的苏加诺提出自行举办新兴力量运动会的倡议，试图创建一个独立于国际奥委会之外的体育运动。这项倡议立即得到了已退出国际奥委会的中华人民共和国的支持。1962 年11 月，印度尼西亚和中华人民共和国发表联合声明，宣布将于 1963 年11 月在印度尼西亚举办首届新兴力量运动会。

　　1963 年 2 月，国际奥委会宣布：不定期地禁止印度尼西亚参加奥运会。1963 年 4 月，新兴力量运动会筹备会议在印度尼西亚雅加达举行，柬埔寨、中华人民共和国、几内亚、印度尼西亚、伊拉克、马里、巴基斯坦、越南民主共和国、阿拉伯联合共和国和苏联共十个国家的代表，以及锡兰（今斯里兰卡）和南斯拉夫的观察员出席筹备会议。在筹备会议上，苏联代表提出将国际奥委会宗旨写入新兴力量运动会章程，以表示新兴力量运动会是奥林匹克运动的一部分。该提议遭到了我国代表反对，最后经过协商，各国一致同意将奥林匹克理想同万隆会议精神并列，

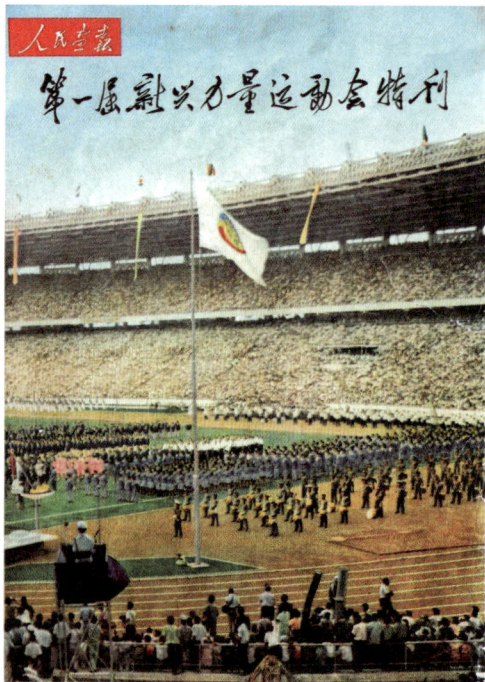

▲ 新兴力量运动会特刊

写入新兴力量运动会宗旨，并决定新兴力量运动会每四年举行一次。

1963 年 11 月 10 日，首届新兴力量运动会在雅加达开幕，共有48 个国家和地区派遣代表团，2404 名运动员参加了篮球、排球、足球、乒乓球、羽毛球、网球、曲棍球、田径、游泳、水球、跳水、举重、体操、射击、射箭、拳击、自行车、击剑、柔道、摔跤和帆船共 21 个大项的比赛。赛场上，中国代表团独得 66 枚金牌，位居金牌榜第一。苏联虽然派队参赛，但迫于国际奥委会压力，仅派出不具奥运参赛资格的运动员。11 月 20 日，运动会闭幕，此次运动会共打破了 5 项世界纪录。

随后，各国代表团决定第二届运动会于 1967 年举行，首选地点是阿拉伯联合共和国的开罗，备选地点是中国北京。

新兴力量运动会的举办，招致国际奥委会及其下属单项组织的强烈反对，认为其将政治和体育相联系，违背政治不干预体育的奥林匹克精神。新兴力量运动会举办之后，国际奥委会立即宣布全面封杀所有参加新兴力量运动会的运动员，取消他们参加奥运会的资格，一些国际单项体育组织也对参赛国进行了处罚。为此，我国出面组织了一些单项的运动会比赛项目，比如举重、游泳等，以安抚参赛各国。

1964 年，阿拉伯联合共和国要求中国援助其建设体育场馆，否则将放弃举办新兴力量运动会。由于其要求金额较高，双方迟迟不能达成协议，最后决定由北京接办第二届新兴力量运动会。北京为此紧急开工修建一批体育设施，著名的有首都体育馆等。但是 1965 年，印度尼西亚发生"九三〇"事件，苏加诺政权被推翻。苏哈托上台后，对中国持敌对态度，退出了新兴力量运动会。1966 年，我国发生了"文化大革命"运动，局势陷入混乱，举办第二届新兴力量运动会一事从此不了了之。随着印度尼西亚和中国的退出，新兴力量运动会也销声匿迹。

▲ 中国运动员入场

中国运动员与外国运动员友好交流

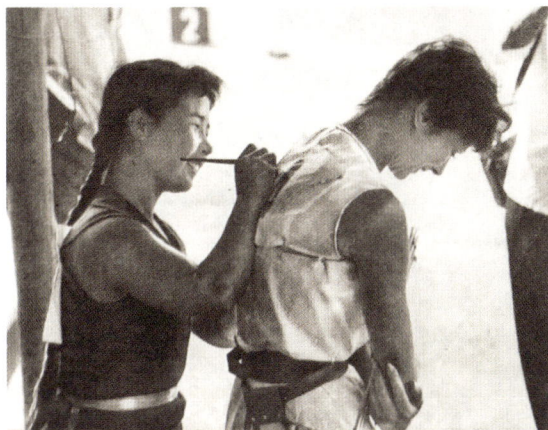

❶ 中朝两国运动员在一起。左起为朝鲜运动员李兴泉、中国运动员
李淑兰、朝鲜运动员申金丹、中国运动员黎纪源

❷ 中国射箭运动员在匈牙利运动员的号码布上签字留念

❸ 中国羽毛球运动员梁小牧和印尼运动员米娜妮

1	
2	3

新兴力量运动会赛况

◀ 中国运动员莫国雄荣获男子 100 米蛙泳冠军

▶ 中国运动员于烈峰获得男子鞍马和双杠两项冠军

◀ 中国运动员高济桥（右）以 14 秒 3 的成绩，荣获男子 110 米栏冠军

▲ 中国男篮战胜巴西队夺冠。图为钱澄海跃起上篮

▲ 中国女子排球队以 3 比 1 战胜苏联队获得冠军

▲ 中国女子羽毛球队荣获团体冠军

▶ 中国运动员梁丽珍（右）、韩玉珍获得
乒乓球女子双打冠军

◀ 庄则栋（左）、李富荣
获得乒乓球男子双打冠军

▶ 乒乓球比赛冠军庄则栋给
其他国家运动员签字留念

▲ 中国运动员贺永宪获得男子铅球冠军，成绩 17.02 米

▲ 中国举重运动员黎纪源以 108 公斤的成绩打破男子 56 公斤级抓举世界纪录

▲ 在女子 100 米比赛中，中国运动员刘玉英一马当先

▲ 中国运动员吴浮山以 1.70 米的成绩获女子跳高冠军

◀ 中国运动员胡祖荣跳过 4.40 米，夺得男子撑竿跳高冠军

乒乓外交

1971 年春，中国乒乓球队在阔别世界乒乓球锦标赛（以下简称"世乒赛"）6 年之后，受邀参加了在日本名古屋举行的第三十一届世乒赛。正是在这次世乒赛过程中，毛主席和周总理审时度势，抓住机遇，打开了外交新局面。

中华人民共和国成立之初，西方很多国家不和我们建立外交关系。20 世纪 60 年代后期，随着中苏关系的日益紧张，我国和原有的敌对势力国家的外交关系有所缓和，包括英美大国在内的一些国家陆续流露出欲和我国建立外交关系的信号，由于缺乏可靠媒介联络，谁都不便先开口。当时，中日尚未建立外交关系，且日本右翼势力和国民党特务在日活动猖獗。这种情况下，有人提议不参加这一届世乒赛。

1971 年 1 月 29 日，周总理同参加起草中日乒乓球协会会谈纪要的中方人员谈话，对会谈纪要文本草案提出具体修改意见，并对中方代表有意为难日方的做法进行了严肃批评。

后藤钾二是日本乒乓球协会会长，长期致力中日友好关系协调，这次他是专程来华邀请中国派团参加世乒赛的。在他提出的作为两国乒乓球协会会谈基础文本中，明确写着应当遵守"中日关系政治三原则"（即反对"两个中国"、争取恢复邦交、促进中日友好）。但会谈时，中方代表坚持要把台湾问题写入纪要，并主张将"三原则"的文字放在纪要的第一条。当时中日关系还未正常化，日本国内情况也较复杂，后藤钾二感到为难，希望中方能理解他的处境。由于双方相持不下，纪要一时难以定稿。最终在周总理的直接指导下，中日乒乓球协会会谈纪要于2月1日在北京签字。随后，我国正式向世乒赛组委会报名参赛。3月中旬，中国乒乓球队各项参赛工作准备完毕。14日晚，周总理召集外交部和中华人民共和国国家体育运动委员会（下称国家体委）等部门负责人会议，听取关于中国队赴日参赛问题的汇报。当时，国家体委内部又出现了去与不去两种意见，而且不赞成去的占多数，理由是得知国外有几股敌对势力想破坏中国队参赛，去了危险性很大。周总理表示要坚持参赛，并给毛主席写报告。报告提到此次出国比赛，已成为一次严峻的国际斗争，我方提出"友谊第一，比赛第二"口号，即使输了也不要紧，反正政治上占了上风。3月15日一早，毛主席的批示传到国家体委："照办"，"我队应去"，"要一不怕苦，二不怕死"。

3月21日，中国乒乓球队如期赴日参赛，并一举夺得4项冠军，中国运动员的高超球艺和友好态度深深影响了各国运动员、日本各界人士和各国记者。比赛期间，还偶然出现了庄则栋等与美国运动员友好接触事件，然而正是这个邂逅，最终促成了中美关系僵局的打开。

▲ 前往日本名古屋参加第三十一届世乒赛的中国代表团于 1971 年 3 月 21 日晚到达东京，受到日本各界朋友、朝鲜乒乓球代表团、爱国华侨和旅日朝侨的热烈欢迎

▼ 日本朝日新闻社 3 月 23 日下午在东京举行招待会，欢迎中国乒乓球代表团访问日本

▲中国乒乓球代表团团长赵正洪，副团长符志行、王晓云等，于3月22日晚在东京拜访朝鲜乒乓球代表团，双方进行了亲切交谈

▶曾两次荣获世界女子单打冠军的日本著名运动员松崎君代（左）和中国乒乓球运动员林慧卿交谈

▲第三十一届世乒赛于1971年3月28日下午在日本名古屋的爱知县体育馆举行开幕式

▶ 中国乒乓球代表团出席第三十一届
世乒赛开幕式

▲ 中国运动员林慧卿、郑敏之和日本运动员平野美惠子、阪本礼子进行女子双打决赛。中国队获得
冠军

◀ 中国运动员李富荣和瑞典运动员约翰森、佩尔森等
亲切握手

▲ 在男子团体决赛时，中国运动员庄则栋（右）同日本运动员伊藤繁雄进行激烈的比赛

▲ 1971 年 4 月 11 日上午，二百多名友人到车站欢送中国乒乓球代表团

当时的经过是这样的。4月4日下午，由于美国队员科恩在体育馆训练时间太久，眼看就到上场时间了，他心里很焦急，看到外面还有一辆正要开往比赛场馆的车，于是匆匆就上去了，一上车才发现登上的是送中国乒乓球比赛队员的车。此前，中美关系一直是敌对状态，双方没有任何接触，当他发现上错车时，瞬间感到很尴尬。中国队员发现科恩上错车，大家也不知所措，不敢上前招呼，庄则栋则机敏地从最后排站起来主动上前致意，还拉着他挨着自己坐了下来。一番简单交谈后，庄则栋向科恩赠送了随身小礼品。下车时庄则栋和科恩最先从车里走下来，等候的观众和记者都大吃一惊：怎么众所周知的中美两个国家的运动员一起从同一辆车里走出来了呢？这可是天大的新闻。记者来不及多想，

▲ 庄则栋和登错车的美国运动员科恩（右）结成好友，并由此形成契机，打开了中美关系僵局

235

迅速按下快门。次日，专给高层领导阅读的内部大字号《参考消息》（下称"内参"）转载了这条消息。次日，当护士长吴旭君为毛主席念"内参"刊登的这条消息时，毛主席眼睛一亮，马上让她把这则花絮再读一遍。

4月6日晚上，毛主席提前吃了安眠药，当时11时多，护士长吴旭君发现毛主席已趴在桌子上昏昏欲睡。突然，他又说起话来。吴旭君听了一会儿才听出，大意是："打电话……王海容……美国队……访华！"吃安眠药后讲的话不算数，这是毛主席之前的嘱咐。如此重大的事情，毛主席当天刚刚圈阅不邀请美国队访华的报告，吴旭君也是知道的，于是她没动。看她没动静，毛主席生气地问吴旭君怎么还不去办，吴旭君故意说自己刚才在吃饭，没听清。毛主席信以为真，又一字一句、断断续续地说了一遍。这回听清楚了，真是要邀请美国乒乓球队访问中国。吴旭君将此事告诉了毛主席的秘书王海容。王海容第一反应是要立即向周总理汇报该情况。

周总理闻讯，指示外交部转电中国世乒赛代表团长赵正洪，要他正式向美国乒乓球代表团发出邀请。美方代表团接到邀请函欣然接受。当中国代表团负责人对外宣布这一消息时，立即引起轰动，日本各大报纸都在头版头条刊登这一震惊世界的新闻，其影响远远超过了对第三十一届世乒赛比赛的报道。周总理非常注意策略，他指示中国乒乓球代表团团长赵正洪，在向美国体育代表团发出邀请的同时，也邀请加拿大、英国、哥伦比亚、尼日利亚等国的乒乓球代表团来华访问。这些国家都欣然同意，比赛结束稍事休整便纷纷来到中国。周总理在人民大会堂东大厅会见了这些国家的乒乓球代表团成员。周总理为安排座席煞费心思，如何把握代表团之间，国与国之间一律平等的原则，不使每个代表团有失落和充当陪衬感，需要审慎对待。周总理提出一种全新的座席安排方案，即在每个代表团中间设置主座，周总理谈完一处，再去下一处继续谈。这样一来，等于既集体会见了各代表团，又逐一会见了每个代表团，而且还与每个代表团分别合影，客人皆大欢喜。

美国总统尼克松高度关注这一重大事件，立刻做出积极反应，发表了有助于改善中美关系的 5 项具体措施。

就这样，小小的乒乓球弹开了中美之间紧闭了二十多年的国门，从此中美两国开始有多方面人员交往，中美和解随即取得历史性突破。第二年，即 1972 年 2 月 21 日，美国总统尼克松正式访华，中美关系终于走向了新的道路。尼克松访华，直接影响了当时整个世界对中国的态度。同年，日本首相田中角荣也正式应周总理之邀，来华访问，并受到毛主席接见，双方正式建立了外交关系，中日邦交走向正常化。

小小乒乓球，推动了整个地球的"转动"。

▲ 第三十一届世乒赛结束后，中国代表团热情邀请多国乒乓球代表团来中国参观访问。图为受邀代表团来中国时受到周恩来亲切接见的情形

向各国体育代表团发出邀请

❶ 英国运动员参观十三陵水库

❷ 美国运动员漫游八达岭

❸ 美国乒乓球代表团在清华大学参观，老校长蒋南翔（中）热情接待

❹ 英国乒乓球代表团应邀前来我国进行友好访问，于 4 月 13 日晚到达北京。图为两国运动员比赛前交换队旗

❺ 北京国棉二厂工人热烈欢迎哥伦比亚运动员

❻ 加拿大乒乓球代表团应邀前来我国进行友好访问，于 4 月 9 日到达北京。图为加拿大代表团成员在天安门广场

❼ 尼日利亚乒乓球代表团应邀前来我国进行友好访问，于 4 月 13 日到达北京。图为尼日利亚运动员在首都体育馆与我国运动员友好相见

1	2	3
4		5
6		7

▲ 1971 年 11 月 14 日，参加亚非乒乓球友好邀请赛的各家和地区的乒乓球代表团团长来到北京首都体育馆北门，共植"亚非人民团结友谊树"

▲ 参加亚非乒乓球友好邀请赛开幕式的学生手持鲜花热烈欢迎亚非运动员入场

▲ 亚非乒乓球友好邀请赛在首都体育馆举行，现场气氛热烈

▶ 在亚非乒乓球友好邀请赛中，中国女子单打队员郑怀颖夺得冠军

▼ 日本运动员河野满与中国运动员郗恩庭（右）在决赛中

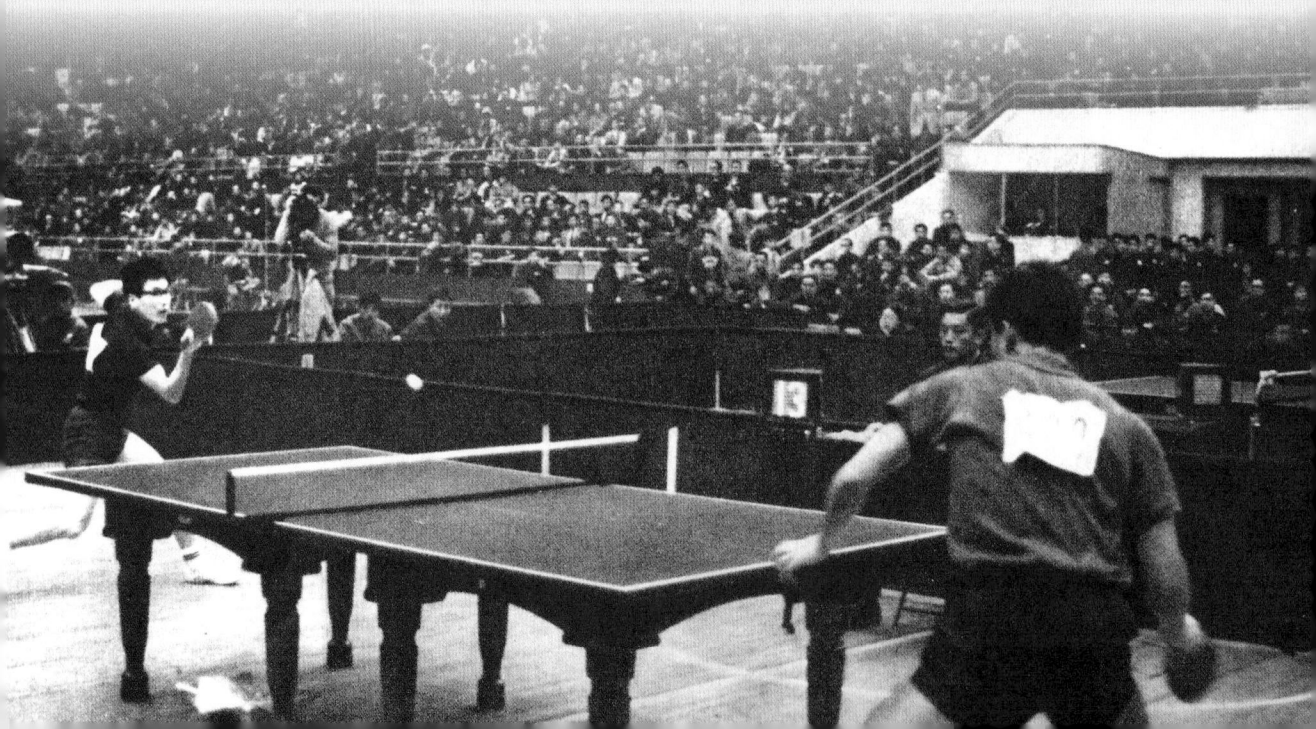

▲ 中国队运动员、教练员向埃及、尼日利亚和加纳等非洲运动员表示
祝贺

▲ 叙利亚乒乓球队员来到北京天安门广场

▲ 亚非乒乓球友好邀请赛结束后，伊朗运动员来到长城

第四章

群星璀璨——当代体坛精英扫描

改革开放后，随着国家经济的飞速发展，中国在国际上的地位越来越高，1979 年 11 月，国际奥委会通过"名古屋决议"，恢复了中华人民共和国在国际奥委会的合法席位，决定将中华人民共和国奥林匹克委员会的名称定为"中国奥林匹克委员会"（简称"中国奥委会"），中国奥委会应使用中华人民共和国的国旗和国歌。1984 年第二十三届洛杉矶奥运会，我们的体育健儿再次站上夏季奥运赛场，并实现了金牌"零的突破"，由此一发而不可收，在之后历次奥运会中，我们不仅多次获得金牌，而且在多项比赛中创下了世界纪录。

中国奥运风景线

　　百年前中国人就有了奥运梦。1908年《天津青年》杂志中刊登的一篇文章提到三个问题：中国什么时候能派运动员参加奥运会？中国运动员什么时候能够得到一枚奥运金牌？中国什么时候能够举办奥运会？同时期，著名教育家张伯苓提出参加奥运会的倡议也赢得了很多爱国志士的积极响应，故在民国期间，我国曾抓住机会参加了三次奥运会，只是由于国弱民穷，未能拿到奖牌。中华人民共和国成立后不久，恰逢1952年赫尔辛基奥运会举办，我们要求参赛，但在国际反动势力操控下，直到举行开幕式那天才得到国际奥委会的答复。周恩来总理高瞻远瞩，提出只要把五星红旗插到奥运村就是成功。当我们的体育代表团赶到赛场时，仅游泳一项还没有比完，最终实际参加比赛的中国代表仅有一人。1954年，国际奥委会承认中华全国体育总会为中国奥委会，但同时又保留了"中华民国奥委会"，并允许两个奥委会同时参加奥运会。对这种赤裸裸分裂中国的做法，我方奥委会马约翰、荣高棠两位代表向国际奥委会提出抗议，但国际奥委会没有做出回应。后来国际奥委会负责人仍坚持让中国台湾地区单方面参加墨尔本奥运会，为表示抗议，中国奥委会拒绝参赛。

　　1979年，虽然中国奥委会恢复了在国际奥委会的合法席位，但1980年为抗议苏联入侵阿富汗，我国拒绝参加在莫斯科举办的第二十二届奥运会。直到 1984 年的第二十三届洛杉矶奥运会，我们的体育健儿才再次踏上了全面参加奥运的征程。我们用实力证明，中国已经屹立于世界体育大国之林。

值得一提的是，中国在 1993 年首次申奥未果后，经过全国以及海外各界人士的共同努力，终于以绝对的优势赢得了 2008 年第二十九届奥运会的主办权，并奉献给世界一场精彩纷呈的奥运盛宴！

▲《人民日报》刊登北京申奥成功的消息

我国自 1984 年正式出现在奥运赛场之后，已经连续多次在全世界最高规格体育赛场上出现，其中在已参加的 10 次夏季奥运会中，获得了 263 枚金牌、199 枚银牌、174 枚铜牌，共 636 枚奖牌。数字是枯燥的，但每一枚奖牌都是运动员用热血铸就的，其中也饱含体育工作者的辛勤汗水以及广大热心观众的热切希望。

历届夏季奥运会中国奖牌数如下：

时间	地点	奖牌数量
1984 年第 23 届奥运会	洛杉矶	15 枚金牌、8 枚银牌、9 枚铜牌，共 32 枚奖牌
1988 年第 24 届奥运会	汉城	5 枚金牌、11 枚银牌、12 枚铜牌，共 28 枚奖牌
1992 年第 25 届奥运会	巴塞罗那	16 枚金牌、22 枚银牌、16 枚铜牌，共 54 枚奖牌
1996 年第 26 届奥运会	亚特兰大	16 枚金牌、22 枚银牌、12 枚铜牌，共 50 枚奖牌
2000 年第 27 届奥运会	悉尼	28 枚金牌、16 枚银牌、14 枚铜牌，共 58 枚奖牌
2004 年第 28 届奥运会	雅典	32 枚金牌、17 枚银牌、14 枚铜牌，共 63 枚奖牌
2008 年第 29 届奥运会	北京	48 枚金牌、22 枚银牌、30 枚铜牌，共 100 枚奖牌
2012 年第 30 届奥运会	伦敦	39 枚金牌、31 枚银牌、22 枚铜牌，共 92 枚奖牌
2016 年第 31 届奥运会	里约热内卢	26 枚金牌、18 枚银牌、26 枚铜牌，共 70 枚奖牌
2020 年第 32 届奥运会	东京	38 枚金牌、32 枚银牌、19 枚铜牌，共 89 枚奖牌

（以上统计数据以国际奥委会官网公布的结果为依据）

以上统计的只是夏季奥运会。其实冬季奥运会和残奥会我国所取得的成就也非常惊人。2002 年，杨扬参加了在美国盐湖城举行的第十九届冬奥会，她在 2 月 16 日的短道速滑女子 500 米决赛中，最终以 44 秒 187 的成绩问鼎冠军，实现了中国冬奥金牌"零的突破"。此后，在冬奥会和残奥会上摘取桂冠的中国运动员如雨后春笋，层出不穷。

中华人民共和国成立70多年来，之所以产生那么多体育精英，与中华全国体育总会的努力有至关重要的关系。为此，这里附带将中华全国体育总会的基本情况做简要介绍。

附：

中华全国体育总会

中华全国体育总会是全国性群众体育组织，由原中华全国体育协进会改组而成。1949年10月27日中华全国体育总会筹备委员会在北京成立。1952年6月20日—24日，中华全国体育总会成立大会在北京举行。会议选举朱德为中华全国体育总会名誉主席，选举马叙伦为主席。会议听取了荣高棠《为国民体育运动的普及和经常化而奋斗》的报告，通过了《中华全国体育总会章程》。毛泽东为该会题词——"发展体育运动，增强人民体质"。朱德为该会题词——"普及人民体育运动，为生产和国防服务"。当年6月30日，教育部、卫生部、军委总政治部、团中央、全国总工会、全国妇联等8个单位联合发出通知，要求所属各级组织贯彻中华全国体育总会成立大会决定的体育运动的方针和任务。1952年中央人民政府体育运动委员会成立（简称"中央体委"），1954年改称为"中华人民共和国国家体育运动委员会"（简称"国家体委"）。国家体委成立后，领导全国体育工作的职责由国家体委承担，中华全国体育总会的机构、编制、经费也并入国家体委。1954年，中华全国体育总会得到国际奥委会承认。1979年，中华全国体育总会和中国奥委会分立。

中华全国体育总会最初的任务是：①开展群众性的体育运动，增强人民体质，提高运动技术水平。②团结全国体育工作者、体育爱好者并协同各有关部门,为发展体育事业而努力。③举办全国性的体育竞赛和运动会。④加强与国际体育组织的联系,开展与各国的体育交流,举办和参加国际体育竞赛。

20 世纪 50 年代末的"大跃进"运动,给我国经济、文化建设造成了极大损失。20 世纪 60 年代初的全国体育工作会议总结了"大跃进"以来的经验教训,试图扭转困难局面,但 1966 年开始的"文化大革命",使体育事业遭到更严重的摧残,中华全国体育总会的工作全面停滞。20 世纪 70 年代初,在周恩来总理的关怀下,体育工作才有所恢复。

1993 年,随着社会主义市场经济体制改革目标的确立,国家对社会事务的管理方式产生了重大的转变。1998 年,中华人民共和国第九届全国人民代表大会一次会议通过了国务院机构改革方案,国家体委改组为国家体育总局,中华全国体育总会也并入国家体育总局,实际是"一个机构,两块牌子"。自国家体育总局成立后,中华全国体育总会仍继续发挥着它应有的作用。

中华全国体育总会主管的奥运项目协会:

中国足球协会、中国篮球协会、中国排球协会、中国网球协会、中国体操协会、中国射击协会、中国射箭协会、中国击剑协会、中国手球协会、中国垒球协会、中国棒球协会、中国举重协会、中国柔道协会、中国拳击协会、中国摔跤协会、中国田径协会、中国游泳协会、中国赛艇协会、中国帆船协会、中国冰球协会、中国乒乓球协会、中国滑冰协会、中国滑雪协会、中国马术协会、中国羽毛球协会、中国曲棍球协会、中国自行车协会、中国跆拳道协会、中国皮划艇协会、中国铁人三项协会、中国现代五项协会、中国高尔夫协会(2016 年里约奥运会重启高尔夫项目)、中国橄榄球协会(2016 年里约奥运会新增七人制橄榄球项目)、中国空手道协会(2020 年东京奥运会新增空手道项目)。

中华全国体育总会主管的非奥运项目协会：

中国汽车摩托车运动联合会、中国武术协会、中国象棋协会、中国围棋协会、中国桥牌协会、中国轮滑协会、中国门球协会、中国信鸽协会、中国龙狮协会、中国台球协会、中国龙舟协会、中国登山协会、中国拔河协会、中国飞镖协会、中国毽球协会、中国掷球协会、中国健美协会、中国滑水潜水摩托艇运动联合会、中国保龄球协会、中国体育舞蹈联合会、中国风筝协会、中国国际象棋协会、中国极限运动协会、中国壁球协会、中国健身气功协会、中国软式网球协会、中国钓鱼协会、中国体育记者协会、中国航空运动协会、中国航海模型运动协会、中国车辆模型协会、中国无线电和定向运动协会、中国体育战略研究会、中国老年人体育协会、中国企业体育协会。

射击

所谓射击运动，说的是射手用规定枪支、采用规定姿势对既定目标进行精准发射和命中的过程。

射击作为世界性体育竞赛项目始于 1896 年的第一届奥运会。自 1897 年起每年举行一届世界射击锦标赛。在中国，射击运动是一个较晚才兴起的体育项目。1951 年，青年团中央军事体育部在北京开展军用步枪射击的业余训练活动，这是射击在中国作为体育项目的开始。1952 年，国防体育俱乐部成立，把射击列为最初普及的 3 个重点项目之一，开始在大城市试办基层射击活动。1955 年，在北京举行了有 8 个国家参加的国际射击比赛。中国射手第一次参加国际比赛，共获 4 项团体第二名，5 项团体第三名，女射手李素萍获女子小口径自选步枪立射冠军。如今，已有很多射击运动员多次创造世界纪录。

▲ 中国男子射击运动员许海峰在 1984 年洛杉矶奥运会上以 566 环的成绩夺得男子 50 米自选手枪慢射金牌，成为本届奥运会第一枚金牌获得者，也是奥运会历史上中国运动员首次夺得金牌

▲ 吴小旋在 1984 年洛杉矶奥运会上以 581 环的成绩获女子小口径标准步枪冠军，成为第一位夺得奥运会金牌的中国女性

许海峰

许海峰，1957 年出生于福建省漳州市，曾为中国男子射击队运动员。中国奥运金牌第一人，也是中国体育射击史上第一位集奥运会冠军、世锦赛冠军、亚运会冠军、亚锦赛冠军多项荣誉于一身的运动员。在 1984 年洛杉矶奥运会上，他夺得男子 50 米自选手枪慢射金牌，成为本届奥运会的首金得主，实现了中国奥运史上金牌"零的突破"；在 1986 年第十届汉城亚运会上他获得男子自选手枪慢射个人、团体，男子气手枪个人、团体共 4 枚金牌；在 1990 年第十一届北京亚运会上他再次勇夺四金；1991 年，他夺得世界射击锦标赛冠军，同年在亚洲气枪锦标赛上夺得 5 枚金牌。他于 1995 年宣布退役并开始执教生涯，自 2017 年卸任国家体育总局自行车击剑运动管理中心副主任后正式退休。2018 年，党中央、国务院授予他"改革先锋"称号，颁授"改革先锋"奖章。2019 年，他被评选为"最美奋斗者"。

▲ 许海峰在 1984 年洛杉矶奥运会比赛中的飒爽英姿

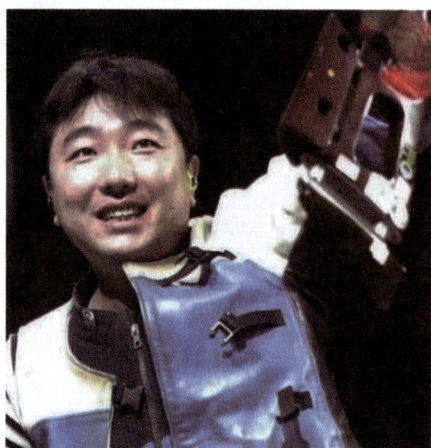

❶ 1992 年，在第二十五届巴塞罗那奥运会上，王义夫在男子 10 米气手枪项目中夺得人生第一枚奥运金牌。2004 年，在第二十八届雅典奥运会上，王义夫再次获该项目金牌

❷ 1992 年，在第二十五届巴塞罗那奥运会上，张山在莫利特射击场进行的双向飞碟射击赛中，以 225 靶 223 中的成绩夺得金牌，从而爆出了本届奥运会"女子战胜男子"的特大新闻。因此，自第二十六届奥运会起，该项目比赛男女运动员分开进行

❸ 李对红在 1996 年第二十六届亚特兰大奥运会上夺得女子 25 米运动手枪金牌，以 687.9 环的成绩创当时的奥运会纪录

❹ 在 1996 年第二十六届亚特兰大奥运会上，杨凌在男子 10 米移动靶射击中夺冠，此后在 2000 年第二十七届悉尼奥运会上蝉联该项目金牌

1	2
3	4

▲ 陶璐娜 1997 年入选国家队并连续两年获得射击世界杯总决赛冠军，2000 年夺得第二十七届悉尼奥运会女子 10 米气手枪项目金牌，多次当选国际射击联合会最佳女射手，多次破世界纪录

▲ 2000 年，陶璐娜在第二十七届悉尼奥运会女子 10 米气手枪比赛中以 488.2 环的成绩夺得金牌

▲ 中国女子射击队运动员杜丽，在 2004 年第二十八届雅典奥运会上夺得女子 10 米气步枪金牌，在 2008 年第二十九届北京奥运会上夺得女子 50 米气步枪金牌

▲ 朱启南夺得 2004 年第二十八届雅典奥运会男子 10 米气步枪金牌、2005 年射击世界杯意大利站和美国站男子 10 米气步枪金牌、2008 年第二十八届北京奥运会男子 10 米气步枪银牌

◀ 郭文珺夺得 2008 年第二十九届北京奥运会女子 10 米气手枪金牌

中国女排

中国国家女子排球队隶属中国排球协会，是中国各体育团队中成绩最突出的体育团队之一，共十次成为世界冠军（包括世界杯、世锦赛和奥运会三大赛）。中国女排曾在 1981 年和 1985 年世界杯、1982 年和 1986 年世锦赛、1984 年洛杉矶奥运会上夺得冠军，成为女排历史上第一个"五连冠"团队，此后又在 2003 年世界杯、2004 年奥运会、2015 年世界杯、2016 年奥运会、2019 年世界杯上夺得冠军。值得一提的是，2016 年 8 月 21 日，在里约奥运会女排决赛中，中国女排在先失一局的情况下连扳三局，以 3 比 1 逆转战胜塞尔维亚女排，终于在时隔 12 年后再次获得奥运冠军。2017 年 1 月 15 日，中国女排获得 2016 年"CCTV 中国体坛风云人物"年度最佳团队奖及评委会大奖。2019 年中国队在女排世界杯以 11 连胜夺冠，获世界杯第五冠、三大赛第十冠。2019 年 10 月 4 日，国际排联随即公布了最新一期的世界排名，中国女排世界第一。

▲ 1981 年，中国女子排球队在第三届世界杯女子排球赛中，经过艰苦奋战，以七战全胜的战绩夺得冠军，这是我国体育健儿在世界篮、排、足三大球比赛中，第一次获得世界冠军。图为中国女排和美国女排交锋时，郎平大力扣球的情景

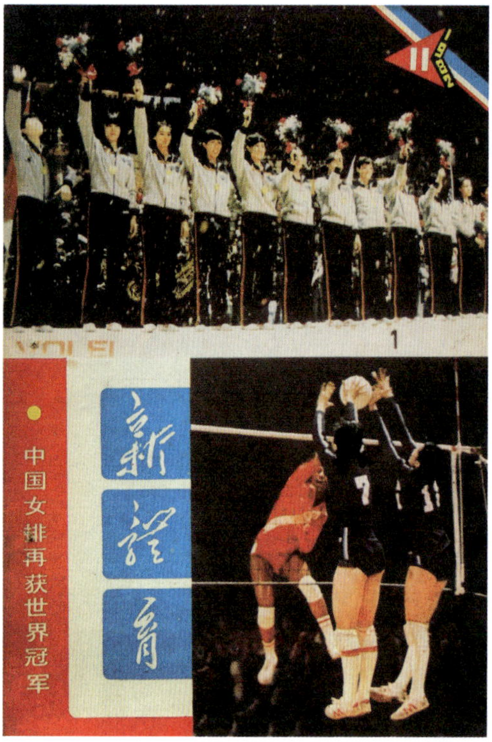
新体育
中国女排再获世界冠军
1982—11

◀ 1982 年，中国女排获得女排世锦赛冠军

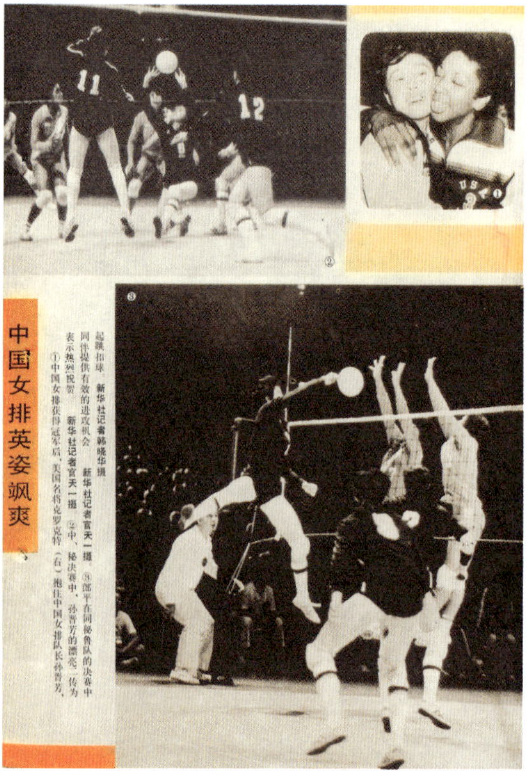
中国女排英姿飒爽
①中国女排获得冠军后，美国名将克罗克特（右）抱住中国女排队长孙晋芳，表示热烈祝贺 新华社记者官天一摄 ②中、秘决赛中，孙晋芳的漂亮二传为同伴提供有效的进攻机会 新华社记者官天一摄 ③郎平在同秘鲁队的决赛中起跳扣球 新华社记者韩晓华摄

▶ 1982 年，中国女排与东道主秘鲁队在第九届世锦赛决赛相遇，最终以 3 比 0 获胜

◀ 1984 年第二十三届洛杉矶奥运会女排决赛激烈，最终中国姑娘以 3 比 0 击败美国队赢得冠军

▲ 2004 年第二十八届雅典奥运会上中国女排时隔 20 年再次夺得奥运金牌

举重

举重是在同一体重级别内以举起的杠铃重量为胜负依据的体育运动，由抓举和挺举两个项目构成。这项运动拼的是力量和技巧，没有捷径可走。中国民族形式的举重活动，早在两千多年前的楚汉时代就有记录（举大刀、石担、石锁等）。一直到清代，举重均列为武考项目。在古代中国，士兵们通常用举鼎来证明自己力大无穷，动作同今天的抓举类似。

近代举重开始于 18 世纪末，最初盛行于欧洲，当时伦敦的音乐厅和马戏班里经常有大力士表演举重。第一届世界举重锦标赛于 1891 年在伦敦举行，获得冠军的是英国人。1896 年在雅典举行的第一届奥运会中，举重被列为正式比赛项目。当时只有单手挺举和双手挺举，不按体重分级。获得单手挺举第一名的是英国人埃利奥特，获得双手挺举第一名的是丹麦人延森。1920 年第七届奥运会，举重比赛的项目改为单手抓举、单手挺举和双手挺举，并按体重分为 5 个级别。1924 年改为单手抓举、挺举和双手推举、抓举、挺举5 种。1928 年取消单手项目，改为双手抓举、推举、挺举 3 种（仍为5 个级别）。最初，双手推举又称为双手立正推举，要求非常严格。运动员将杠铃提至胸上后，必须保持静止 2 秒钟，待裁判员发令后才能将杠铃向上举起。两臂伸直后，也须保持静止 2 秒钟，待裁判员发令放下，动作才算完成。在上举过程中，身体不得后仰，膝部不能弯曲，足尖足跟不能离地提起。此后，立正推举又逐步发展成为"运动式"推举。但倒腰推举容易使运动员腰椎受伤，而且后倒的幅度没有一定标准，给裁判工作带来很大困难。因此，1972 年奥运会举重比赛结束后，正式公布取消推举。自 1973 年起，举重比赛只有抓举和挺举。

中国虽然历来就有民间举重活动，但作为正式比赛项目的近代举重却起步较晚。在 1936 年的全国运动会中，举重只作为表演项目。直到 1948 年的全国运动会，举重才被列为正式比赛项目。中华人民共和国成立后，中国举重运动得到迅速发展，1956—1966年间就有优秀运动员陈镜开、黄强辉、赵庆奎、肖明祥、季发元、叶浩波、邓国银、黎纪源、陈满林、刘殿武等人先后 31 次打破 5 个级别的 12 项世界纪录。其中陈镜开 1 人 9 次打破两个级别的挺举世界纪录。就中国当时的成绩看，已达到世界团体前三的水平。20世纪 70 年代至 80 年代初，中国举重运动员陈伟强、吴数德、蔡俊成、刘航远、张耀鑫等 5 人曾多次打破青年和成年 52 公斤和 56 公斤级世界纪录。他们当中最突出的是陈伟强，1976—1980 年 8 次打破青年和成年挺举世界纪录。吴数德在 1978—1980年内，也曾 5 次刷新抓举世界纪录。之后，我国举重运动员打破世界纪录者层出不穷。

以第三十二届东京奥运会举重项目规则为例。举重竞赛前运动员必须

▲ 曾国强在 1984 年第二十三届洛杉矶奥运会上以 235 公斤的总成绩夺得 52 公斤级男子举重金牌，为中国代表团赢得了该届奥运会第二枚金牌，也是中国历史上的第二枚奥运金牌，成为中国第一位摘得奥运会举重金牌的运动员

按规定称量体重。举重项目包括抓举和挺举两种，且依次进行。每名运动员拥有抓举和挺举各 3 次试举机会，将这两项中最好的成绩相加来计算运动员的最终成绩。如运动员 3 次抓举全部失败将被直接淘汰，不能参加挺举比赛。

抓举必须以一个连续的动作举起杠铃，稳稳站立，四肢伸展，双脚处在一条线上。挺举要求运动员首先把杠铃提至胸前（提铃），然后伸直双臂举起杠铃，双腿伸直，双脚再次排成一条直线（挺举）。举起杠铃时，肘部不能弯曲，手臂伸展保持平衡。如果在结束信号发出之前放下杠铃，视为试举失败。另外，在规定时间内未能举起杠铃或用脚底以外的任何身体部位接触举重台都将被判为试举失败。如出现平局，则首先举起该总重量的运动员获胜。

运动员的每次试举成功与否，由 3 名裁判员用灯光表决。白灯表示合格，红灯表示不合格，运动员至少获得 2 盏白灯才算该次试举成功。

展示举重的意义是为了彰显前辈们坚强不屈的顽强精神和迎难而上的拼搏精神。各个历史时期的知名举重运动员都是靠自身实力打拼出来的，很了不起，值得大家敬仰。

▲ 姚景远在 1984 年第二十三届洛杉矶奥运会上夺得男子举重 67.5 公斤级金牌

▲ 占旭刚在 1996 年第二十六届亚特兰大奥运会上夺得男子举重 70 公斤级金牌

▲ 杨霞站上了冠军领奖台

▶ 2000 年 9 月 18 日，在第二十七届悉尼
奥运会上，杨霞以绝对实力获得女子举重
53 公斤级比赛冠军，成为中国历史上第一
位女子举重奥运会冠军

◀ 在悉尼奥运会上，丁美媛以 300 公斤的总成绩夺得女子举重 75 公斤以上级金牌，并打破该项目的抓举、挺举和总成绩三项世界纪录

▲ 悉尼奥运会女子举重 69 公斤级比赛中，林伟宁以 242.5 公斤的总成绩夺得金牌

▲ 陈晓敏在悉尼奥运会上，以 112.5 公斤的抓举成绩和 242.5 公斤的总成绩分别打破女子举重 63 公斤级抓举和总成绩世界纪录

◀ 在 2004 年第二十八届雅典奥运会男子举重 62 公斤级比赛中，石智勇夺冠

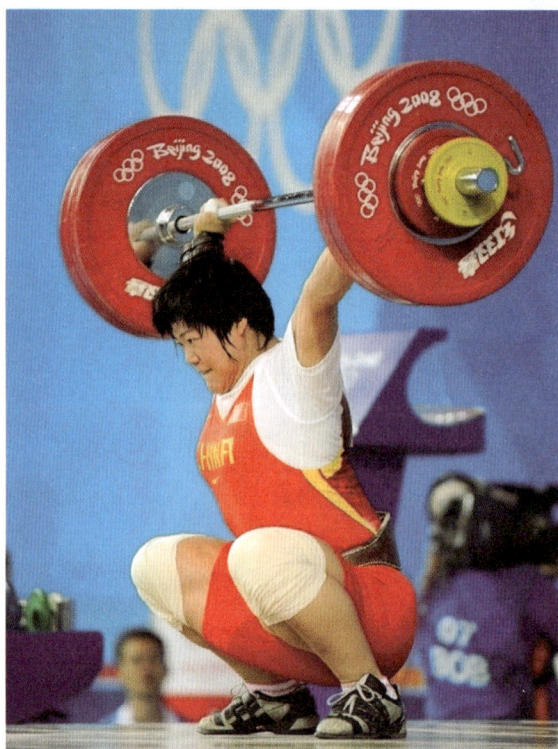

◀ 刘春红在 2004 年第二十八届雅典奥运会女子举重 69 公斤级决赛中，以总成绩 275 公斤夺冠，在 2008 年第二十九届北京奥运会女子 69 公斤级举重比赛中成功卫冕

▲ 陆永在 2008 年第二十九届北京奥运会上以抓举 180 公斤、挺举 214 公斤、总成绩 394 公斤的赛果夺得男子举重 85 公斤级金牌

▲ 张湘祥在 2008 年第二十九届北京奥运会上以抓举 143 公斤、挺举 176 公斤、总成绩 319 公斤的赛果夺得男子举重 62 公斤级金牌

体操

古代中国虽无体操一词，却有类似体操的养生、导引和舞蹈游戏等健身活动。我国出土的新石器时代的陶罐上，那些舞蹈图不就是体操动作吗。公元前5世纪，希腊人一切体育活动如跑、跳、投掷、攀登、骑马、摔跤等都叫体操。现代体操起源于17世纪初，当时欧洲出现了以雅恩为代表的德国体操，以林格为代表的瑞典体操，以迪尔为代表的天鹰体操和以布克为代表的丹麦体操等流派，他们为现代体操的形成奠定了基础。经发展，欧洲多个国家都有了体操运动项目。1881年，欧洲成立了体操协会，1896年又在欧洲体操协会基础上成立了国际体操联合会，同年在希腊举行的第一届奥运会上，体操被列入竞技项目。1928年的第九届奥运会和1934年的第十届世界体操锦标赛上，开始设立女子竞技体操项目。男子竞技体操六项（自由体操、跳马、吊环、鞍马、双杠、单杠）是1936年在第十一届奥运会上确定的，女子体操四项（自由体操、跳马、高低杠、平衡木）是在1952年的第十五届奥运会上被确定的。19世纪末，欧洲出现了韵律体操，我国称之为艺术体操，1962年，国际体操联合会把艺术体操定为独立的女子竞赛项目。

体操王子李宁

　　1963 年，李宁出生于广西。1981 年，他获得了世界大学生运动会男子自由体操、鞍马、吊环三项冠军。在 1982 年第六届世界杯体操赛上，李宁一人夺得男子体操项目 7 枚金牌中的 6 枚，创造了世界体操史上的神话，被誉为"体操王子"。1984 年，在第二十三届洛杉矶奥运会上，李宁共获 3 金 2 银 1 铜，成为该届奥运会中获奖牌最多的运动员。他 1985 年荣获世界体操锦标赛吊环冠军，1986 年获第七届世界杯体操赛男子个人全能、自由体操、鞍马三项冠军。在 17 年的运动生涯中，李宁共获得国内外重大体操比赛金牌 106 枚。1987 年，李宁成为当时亚洲唯一加入国际奥委会运动员委员会的委员。

◀ 李宁是洛杉矶奥运会体操比赛中最大的亮点

▲ 在洛杉矶奥运会男子体操单项比赛中，李宁夺得男子自由体操、鞍马和吊环三项的金牌

▼ 赛后归来，楼云（左二）、李宁（左五）等几位体操运动员举杯庆祝

楼云

　　1964 年 6 月 23 日出生于杭州，1973 年进入杭州市业余体校开始体操训练，同年进入浙江省体校进行正规、系统的训练。1978 年被选入国家体操集训队。1981 年在东京举办的国际体操邀请赛中获自由体操和跳马两项冠军；1982 年获得第九届亚运会跳马冠军；1983 年获得第十二届世界大学生运动会跳马冠军；1983 年获得第二十二届世界体操锦标赛男子团体冠军和个人双杠冠军；1984 年获得第二十三届洛杉矶奥运会体操跳马冠军、团体亚军、自由体操亚军和单杠第四名；1985 年获国际级运动健将称号；1986 年获得第十届亚运会体操跳马冠军；1987 年获得第二十四届世界体操锦标赛自由体操和跳马两项冠军；1988 年获得第二十四届汉城奥运会体操跳马冠军，并获"跳马王"的美誉。1987 年、1988 年两次被评为全国十佳运动员。

▲ 楼云蝉联第二十三、二十四届奥运会男子跳马金牌，为体操贡献了"楼云跳 1"和"楼云跳 2"等动作

第23届奥运会
高低杠金牌获得者
马燕红

新体育

▲ 洛杉矶奥运会高低杠金牌获得者——
马燕红，她创造了第一个以中国人名字
命名的体操高低杠动作（马燕红下）

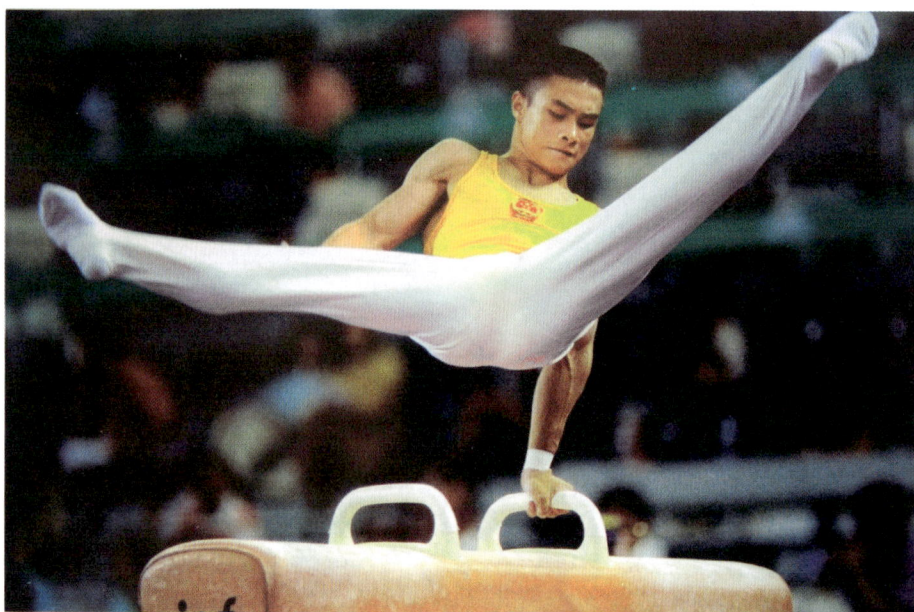

▲ 李小双在1992年第二十五届巴塞罗那奥运会上，以一个高质量的"团身后空翻三周"夺得男子自
由体操金牌，并夺得男子吊环铜牌，个人全能第五名，助力中国队夺得男子体操团体银牌

陆莉

陆莉，1976 年生于湖南长沙，5 岁起接受体操启蒙训练。1985 年，9 岁的她进入湖南省体操运动学校。1992 年在第二十五届巴塞罗那奥运会高低杠比赛中，她的"反握大回环转体 360 度成扭臂握杠，接反吊大回环，再接反吊分腿前空翻抓杠"动作，在女子体操史上创下首次把男子单杠 D 组里的 3 个高难度动作连续做出的先例，而且编排难度大于 D 组，6 位裁判同时亮出满分（10 分），最终她获得该项目金牌。所创造的这个高难度动作也以她的名字命名。

▲ 陆莉在 1992 年第二十五届巴塞罗那奥运会女子体操比赛中，夺得高低杠金牌和平衡木银牌，助力中国女子体操队荣获团体第四名

▶ 体操名将刘璇在 2000 年第二十七届悉尼奥运会上斩获女子体操平衡木金牌

◀ 李小鹏在悉尼奥运会体操比赛中，与队友合作以 231.919 分的成绩首次夺得男子体操团体金牌；参加单项比赛，夺得男子双杠金牌。他在 2008 年第二十九届北京奥运会上夺得男子双杠和男子体操团体金牌

▲ 19 岁的滕海滨是当时中国体操队的新生力量，在 2004 年第二十八届雅典奥运会男子体操鞍马比赛中夺冠

◀ 邹凯参加北京奥运会一举拿下男子团体、自由体操、单杠三枚金牌，同时也是中国体操队历史上第一次在单杠项目上夺金。在 2012 年第三十届伦敦奥运会男子自由体操的比赛中，他力压日本名将内村航平，夺得金牌

▶ 杨伊琳获得 2008 年国际体联体操世界杯天津站高低杠冠军，北京奥运会女子体操团体冠军

273

◀ 杨威在北京奥运会助力中国体操男队重夺
男团金牌。在北京奥运会男子体操全能决赛
中，杨威以 94.575 分夺得金牌

▶ 程菲在第三十八届世界体操锦标赛中获得女
子跳马冠军，不仅刷新了中国女子跳马项目的
历史，她的动作还被国际体坛命名为"程菲跳"。
2006 年获得第三十九届世界体操锦标赛女子跳
马冠军；同时摘得第十五届亚运会女子跳马桂
冠。2007 年在第四十届世界体操锦标赛中获得
女子跳马冠军，实现该项目的三连冠。2008 年
与队友一起夺得北京奥运会女子体操团体金牌

田径风采

❶ 在 1992 年第二十五届巴塞罗那奥运会上，陈跃玲夺得女子
10 公里竞走金牌

❷ 在 2000 年第二十七届悉尼奥运会上，王丽萍夺得女子 20 公里
竞走金牌

❸ 东方神鹿——王军霞在 1996 年第二十六届亚特兰大奥运会女子
5000 米长跑比赛中夺得金牌

1 | 2
3

❶ 邢慧娜在 2004 年第二十八届雅典奥运会上夺得女子 10 000 米金牌

❷ 雅典奥运会男子 110 米栏决赛中，中国飞人刘翔跑出 12 秒 91 的成绩，
平世界纪录夺得金牌

❸ 2006 年 7 月 11 日，刘翔在瑞士洛桑超级田径大奖赛上，以 12 秒 88
的成绩创造了男子 110 米栏新的世界纪录

1	2
3	

乒乓风采

▲ 1978 年，国家体委对涌现出的优秀乒乓球运动员进行奖励

▶ 陈静夺得 1988 年第二十四届汉城奥运会女子
乒乓球单打金牌，成为我国奥运会历史上第一个
乒乓球女单金牌获得者

邓亚萍

邓亚萍，1973年2月6日生于河南郑州，5岁时开始打乒乓球，1988年正式进入国家队。1989年首次参加世乒赛就夺得女双冠军。在1992年第二十五届巴塞罗那奥运会上，邓亚萍作为中国队的绝对主力夺得女子单、双打2枚金牌。在1996年第二十六届亚特兰大奥运会上，她复制了4年前的奇迹，成为中国奥运历史上第一个夺得4枚奥运金牌的人。在14年的运动生涯中，她共拿到18个世界冠军，在乒坛排名连续8年保持世界第一，是乒乓球史上排名"世界第一"时间最长的女运动员。

◀ 邓亚萍在巴塞罗那奥运会上夺得乒乓球女子单、双打2枚金牌

刘国梁

　　刘国梁，1976年1月10日出生于河南新乡封丘县，1989年入选国家乒乓球青少集训队，1991年破格入选国家乒乓球队。他是中国男子乒乓球历史上第一位集世乒赛、世界杯和奥运会单打冠军于一身的"大满贯"得主，和孔令辉一起获得过男子双打冠军，与邬娜一起获得过混合双打冠军，并作为主力队员多次与队友一起获得男子团体冠军，是首位在正式比赛中采取直拍横打技术并取得成功的乒乓球手。2002年退役后，于第二年担任中国乒乓球男队主教练。2013年，正式担任中国乒乓球队总教练兼男队教练。2018年12月1日当选新一届乒协主席。2020年6月29日，刘国梁担任世界乒乓球职业大联盟理事会主席。

◀刘国梁在1996年第二十六届亚特兰大奥运会比赛中一路拼杀，勇夺冠军

❶ 王涛（左）、吕林合作在 1992 年第二十五届巴塞罗那奥运会上夺得乒乓球男子双打金牌

❷ 2000 年第二十七届悉尼奥运会男单决赛中孔令辉以 3 比 2 的比分力克乒坛
"常青树"瓦尔德内尔夺得冠军，实现了"大满贯"

❸ 孔令辉夺金后激动不已

▶ 王楠夺得 2000 年第二十七届悉尼奥运会女子单打、双打金牌，夺得 2004 年第二十八届雅典奥运会女子双打金牌，以及 2008 年第二十九届北京奥运会女子单打银牌、团体金牌

◀ 张怡宁 2001 年夺得第四十六届世乒赛女团金牌。在雅典奥运会上与王楠合作夺得女子双打金牌，并夺得女单金牌。2005 年夺得第四十八届世乒赛女单冠军，实现了个人世锦赛、奥运会和世界杯"大满贯"。2006 年底，在乒坛排名世界第一。在 2008 年第二十九届北京奥运会上，她与郭跃、王楠合作夺得女团金牌，随后在女单决赛中成功卫冕

◀ 王励勤（右）、阎森在悉尼奥运会
乒乓球男双决赛中夺得金牌

◀ 王楠（左）、李菊联手夺得悉尼奥
运会乒乓球女子双打金牌

▲ 马琳（左）与陈玘夺得雅典奥运会乒乓球男子双打金牌

▲ 在 2008 年第二十九届北京奥运会上，28 岁的马琳夺得乒乓球男子单打金牌

◀ 郭跃在北京奥运会和伦敦奥运会上连续两
届助力中国乒乓球女子团体夺得金牌

▲ 王皓在北京奥运会与王励勤、马琳在乒乓球男子团体赛中夺得金牌，其职业生涯共获得 18 个世界
冠军

水上风采

◀ 周继红在 1984 年第二十三届洛杉矶奥运会上以 435.51 分的总分夺得女子 10 米跳台金牌，是中国跳水史上第一位奥运金牌获得者

▶ 周继红在 1984 年第二十三届洛杉矶奥运会上夺得女子 10 米跳台金牌

▲ 许艳梅在 1988 年第二十四届汉城奥运会上夺得女子 10 米跳台金牌，这是中国代表团在本届奥运会上的首枚金牌

◀ "跳水女皇"高敏，在 1988 年第二十四届汉城奥运会上以 580.23 分夺得女子 3 米板跳水金牌，以绝对优势成为中国第一位奥运会跳板跳水金牌获得者

高敏

高敏，中国第一位奥运会跳板跳水金牌获得者。她出生于四川省自贡市，自幼开始学游泳，9 岁练习跳水，12 岁成为中国年龄最小的全国冠军。1986 年，在第五届世界游泳锦标赛上她获得跳板跳水冠军；1988 年，在汉城奥运会上她获得跳板跳水金牌；1992 年，在巴塞罗那奥运会上她蝉联女子 3 米板跳水金牌。并在 1986—1992 年的国际大赛（亚运会、世界大学生运动会、世界杯、世锦赛、奥运会）中创造了七年全胜的奇迹。高敏在职业生涯中一共拿到 70 枚金牌，被世界体坛誉为"跳水女皇"。

◀ 1992 年第二十五届巴塞罗那奥运会中高敏在女子 3 米板跳水比赛中做出优美的动作

❶ 钱红在 1992 年第二十五届巴塞罗那奥运会上以 58 秒 62 的成绩打破女子
100 米蝶泳奥运会纪录并夺得金牌

❷ 杨文意在 1992 年第二十五届巴塞罗那奥运会 50 米自由泳决赛中以 24 秒
79 夺冠，并打破世界纪录

❸ 庄泳在 1992 年第二十五届巴塞罗那奥运会上夺得女子 100 米自由泳金牌

❹ 乐静宜在 1996 年第二十六届亚特兰大奥运会女子 100 米自由泳比赛中以
54 秒 50 的成绩打破奥运会纪录并夺得金牌

1	2
3	4

❶　熊倪在 2000 年第二十七届悉尼奥运会上夺得男子 3 米板跳水金牌

❷　李娜、桑雪在 2000 年第二十七届悉尼奥运会上夺得女子双人 10 米跳台跳水冠军

❸　熊倪（右）与队友肖海亮在 2000 年第二十七届悉尼奥运会上夺得男子双人 3 米板跳水金牌

❹　伏明霞曾在奥运会上 3 次夺冠，她在获得 1992 年第二十五届巴塞罗那奥运会女子 10 米跳台冠军后，成为近现代奥运史上最年轻的跳水冠军

1	2
3	4

▶ 郭晶晶在 2004 年第二十八届雅典奥运会
和 2008 年第二十九届北京奥运会中夺得
女子 3 米板跳水、女子双人 3 米板跳水金牌，
并连续 5 届在世界游泳锦标赛中夺得女子
3 米板跳水、女子双人 3 米板跳水金牌

◀ 在 2004 年第二十八届雅典奥运会女子
双人 3 米板跳水决赛中，郭晶晶（左）和
吴敏霞夺得金牌

▶ 张琳夺得 2008 年第二十九届北京奥运会男子 400 米自由泳银牌，实现了中国男子游泳历史性的突破；2009 年他在罗马世锦赛男子 800 米自由泳中问鼎，成为中国男子游泳历史上第一位世锦赛冠军

▲ 孟关良（前）、杨文军在 2004 年第二十八届雅典奥运会上夺得男子双人划艇 500 米金牌，是中国运动员在皮划艇项目上夺得的首枚奥运金牌；在 2008 年第二十九届北京奥运中，二人再次夺得男子双人划艇 500 米金牌

▲ 刘子歌在 2008 年第二十九届北京奥运会上，打破世界纪录勇夺女子 200 米蝶泳金牌

羽毛球、网球风采

▲ 葛菲（前）、顾俊在 1996 年第二十六届亚特兰大奥运会中夺得女双金牌，这是中国羽毛球历史上的第一枚奥运金牌。2000 年第二十七届悉尼奥运会上她们又一次夺得羽毛球女双金牌

◀ 龚智超夺得 2000 年第二十七届悉尼奥运会羽毛球女单金牌

◀吉新鹏在 2000 年第二十七届悉尼奥运会上夺得羽毛球男单金牌

▲ 2000 年第二十七届悉尼奥运会中国组合包揽羽毛球女子双打前三名

❶ 张军、高崚（右）在 2000 年第二十七届悉尼奥运会上勇夺羽毛球混双金牌

❷ 李婷（右）、孙甜甜夺得 2004 年第二十八届雅典奥运会女子网球双打金牌

❸ 杜婧（左）、于洋横扫韩国组合，在 2008 年第二十九届北京奥运会上夺得羽毛球女双金牌

击剑、柔道、摔跤、跆拳道、射箭、拳击、短道速滑

世界击剑名将栾菊杰

▲ 1984 年 5 月，《新体育》刊登世界击剑名将栾菊杰图片。栾菊杰在 1984 年第二十三届洛杉矶奥运会上夺得女子花剑金牌

▲ 1992 年，庄晓岩夺得巴塞罗那奥运会女子柔道 72 公斤级金牌，成为中国首位柔道奥运金牌获得者

▲ 佟文夺得北京奥运会女子柔道 78 公斤以上级金牌

❶ 常永祥在 2008 年第二十九届北京奥运会古典式摔跤中夺得男子 74 公斤级银牌

❷ 王娇在 2008 年第二十九届北京奥运会自由式摔跤项目上夺得女子 72 公斤级金牌

❸ 陈中在 2000 年第二十七届悉尼奥运会女子 67 公斤以上级跆拳道比赛中夺得金牌；
在 2004 年第二十八届雅典奥运会女子 67 公斤以上级决赛中成功卫冕

❹ 张娟娟在 2008 年第二十九届北京奥运会上勇夺女子射箭个人金牌，被称作
"女神箭手"，由此打破韩国人在该项目长达 24 年的垄断

1	2
3	4

◀ 邹市明在 2008 年第二十九届北京奥运会拳击男子轻蝇量级（48 公斤级）比赛中夺得金牌，并在 2012 年第三十届伦敦奥运会拳击男子轻蝇量级（49 公斤级）比赛中成功卫冕

▲ 冬季奥运会中国首位金牌获得者——杨扬。2002 年在美国盐湖城冬奥会上，中国著名短道速滑运动员杨扬摘得女子 500 米和 1000 米两枚金牌，为中国代表团在冬奥会上实现金牌"零的突破"

杨扬

　　杨扬，中国第一位冬奥冠军，现任世界反兴奋剂机构副主席，曾任全国青联副主席、2022 北京冬奥会和冬残奥会运动员委员会主席。23 年的运动生涯她共获得 59 个世界冠军，参加了 3 届冬奥会，获得 2 金 2 银 1 铜。1997—2002 年，她连续 6 年蝉联短道速滑世锦赛个人全能冠军。她在 2002 年美国盐湖城冬奥会 500 米比赛中夺得金牌，实现了中国冬奥会金牌零的突破。2010 年，她成为中国第一位以运动员身份当选的国际奥委会委员。2016 年她竞选国际滑联理事，成为国际滑联 120 多年历史中首位当选的女性速滑理事。

◀ 2002 年，杨扬在美国盐湖城冬奥会上夺冠

中华人民共和国的优秀运动员

    1959年10月3日，在中华人民共和国第一届全国运动会闭幕式上，国家体委向中华人民共和国成立以来打破过世界纪录或荣获过世界冠军的40名优秀运动员颁发了荣誉奖。并请摄影师为他们拍了半身标准照，上色师傅精准上色，然后印刷成4开大小图像，全国发售。此举，对鼓舞全国青少年投身体育活动起到了很好的促进作用。下文将展示部分冠军的照片。

    陈镜开　1935年12月1日出生于广东省东莞市石龙镇，是中华人民共和国体育运动的先行者。陈镜开从小喜爱健身运动，1953年他练习举重，1955年进入中南军区体工队，后被选入国家举重集训队。陈镜开成绩提高很快，一年间挺举成绩从95公斤猛增到130公斤。1956年6月7日，在上海举行的中苏举重友谊赛中，他以133公斤的成绩，打破美国运动员温奇保持的56公斤级挺举世界纪录。这是中国运动员创造的第一个世界纪录，为此他还获得了奥林匹克银质勋章。

▲ 陈镜开（举重运动员）

▲ 戚烈云（游泳运动员）

戚烈云　广东台山人，游泳运动健将。1954 年他进入中南区体育工作大队。1956 年被选入国家队，次年在广州以 1 分 11 秒 6 的成绩打破 100 米蛙泳世界纪录，成为中国第一个游泳世界纪录创造者。1963 年后任中国游泳队教练。

▲ 穆祥雄　（游泳运动员）

穆祥雄　1935 年出生于天津市北运河畔的"游泳之乡"天穆村，其父亲是游泳运动员穆成宽。穆祥雄从小就在父亲指导下练习游泳，1951 年起就多次打破 100 米蛙泳全国纪录。他 1953 年入选中国国家游泳队，1958 年至 1959 年间 3 次打破男子 100 米蛙泳世界纪录，并多次在全国比赛和国际比赛中获得 100 米和 200 米蛙泳冠军。

　　容国团　1937年出生于中国香港的海员家庭，15岁那年，他成了香港东区一家渔行的童工。因为父亲是香港工人进步组织工联会下属的海员工会会员，他得到了去工联会俱乐部康乐馆练球的机会。正是那段时间，容国团球艺得到飞快提高。他大部分时间都用在练球和钻研技术上，加上天资聪颖和平日的刻苦，他很快成为香港顶尖水平的球员。1957年2月，香港举行全港乒乓球锦标赛，容国团代表工联会参加了这次比赛，一举夺得男子单打、双打、团体三项冠军，从此名声大振。1957年4月下旬，日本乒乓球队到达香港，容国团有幸与世界冠军荻村伊智朗对阵，爆出了一个大冷门——在一片惊叹声中，他竟将世界冠军拉下马。容国团打败荻村伊智朗的消息一夜间传遍香港，他成为震惊世界的新闻人物。当年9月，他作为港澳乒乓球队队员到北京、上海、杭州交流，不久后，便决定投入祖国的怀抱。1959年，在第二十五届世乒赛上，容国团夺得男单冠军，为中华人民共和国夺得第一个世乒赛冠军，成为中华人民共和国体育史上首个世界冠军。1961年，第二十六届世乒赛在北京举行，容国团所在的中国乒乓球队以5比3击败日本队，首获男团世界冠军。1964年后，容国团担任中国乒乓球女队主教练，带队夺得第二十八届世乒赛女子团体冠军。

▲ 容国团 （乒乓球运动员）

▲ 赵庆奎 （举重运动员）

赵庆奎　天津人。15岁开始练习举重并于1955年进入国家队。1958年9月在庆祝国庆节表演赛中，以176.5公斤的成绩打破美国乔治保持的轻量级挺举世界纪录。同年11月，在北京举行的中、苏、波举重友谊赛中，又以177.5公斤成绩再破世界纪录，获得冠军。

▲ 郑凤荣 （田径运动员）

郑凤荣　1937年出生于山东省济南市，1953年被选入国家田径集训队。在1957年11月17日的北京田径比赛中，郑凤荣成功地跳过了1.77米，打破了1.76米的女子跳高世界纪录，因而成为我国第一位打破世界跳高纪录的女运动员，也是我国第一位打破田径世界纪录的运动员，亦是1936年以来亚洲第一位打破田径世界纪录的运动员。1959年，她获国家体委首次颁发的国家体育运动荣誉奖章。

不止步于奥运

❶ 1953 年，在罗马尼亚布加勒斯特举行的第一届国际青年友谊运动会上，
吴传玉取得男子 100 米仰泳冠军，这是我国在国际体育大赛中第一次升起
五星红旗

❷ 1965 年，陈家全以 10 秒的成绩平男子 100 米世界纪录

❸ 1957 年，郑凤荣以 1.77 米的高度打破女子跳高世界纪录的精彩瞬间

1	2
3	

◀1958 年 7 月 20 日，解放军运动员梁建勋在男子 100 米比赛中以 10 秒 6 的成绩打破中国短跑纪录

▶ 1959 年 3 月，陈镜开在苏联打破世界举重纪录

▲ 1958 年，全国体操锦标赛鞍马冠军于烈峰

▲ 刘春平（女）、杜辉雄在 1959 年获首届全运会技巧运动比赛男女混合双人冠军

◀ 体操运动员王维俭在 1963 年新兴力量运动会中夺得女子个人全能、自由体操、平衡木、跳马 4 枚金牌

▲ 1961 年，邱钟惠获得第二十六届世乒赛女子单打冠军

邱钟惠

邱钟惠，1935 年生于云南腾冲县，1952 年进入国家队，1961 年获得第二十六届世乒赛女子单打冠军和女子团体赛、女子双打第二名，成为中国获得世界女子乒乓球比赛冠军第一人，同时也是中国第一个女子世界冠军。后担任中国乒乓球队女教练、全国妇联执行委员、中国乒乓球协会副主席等。

▲ 1983 年，蔡振华参加第三十七世乒赛时的精彩瞬间

◀ 多次夺得世界乒乓球锦标赛冠军的张燮林

▲ 曾获三次世乒赛冠军的庄则栋教练在辅导新手

李淑兰

李淑兰，河北乐亭人，随父母在沈阳生活。1960年9月，她还在沈阳三中上初二，部队到三中招体育兵，结果身高1.65米的李淑兰幸运入选，分配项目时被选进了篮球队。一个多月后，射箭队教练把16岁的李淑兰拉入了射箭队。1962年7月，全国射箭锦标赛在内蒙古呼和浩特举行，第一次参加全国比赛的李淑兰，战胜了所有强劲的对手，荣获全国冠军。1963年4月，在全国七单位射箭通讯赛上，李淑兰多次打破单轮、双轮全能世界纪录，一下子破了5项世界纪录，囊括了女子单人世界纪录的半数，成为世界射箭运动史上第一人。

从1959年到1966年6月，我国射箭运动员共有7人28次打破12项世界射箭纪录，其中李淑兰一个人就11次打破世界纪录。她共17次打破8项女子射箭世界纪录，成为我国打破世界纪录次数最多的运动员，曾4次获国家体委颁发的体育运动荣誉奖章。

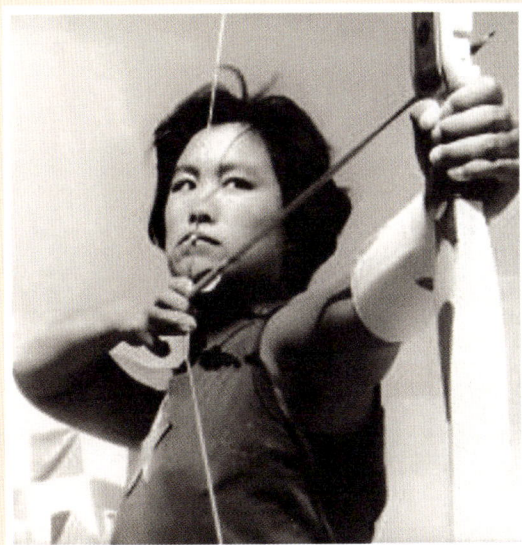

◀ 1962年，李淑兰成为全国射箭冠军

▲1974年9月，姜胜玲以308环的成绩打破女子70米单轮世界纪录

◀1974年6月，黄淑艳在济南举行的三单位
射箭友谊赛中，以1237环的成绩打破世界纪录

◀ 1976 年 3 月 26 日，上海女运动员王文娟
打破女子射箭 70 米单轮世界纪录

▲ 射箭教练李淑兰（左四）和运动员在一起

▲ 邱波在 1986 年第十届亚运会射击赛中获 4 枚金牌，赛后被记者们团团围住

▼ 青岛姑娘马湘君在 1987 年第三十四届世界女子射箭锦标赛上，以 330 环的成绩夺得中国射箭史上第一个世界冠军

▲ 1977 年 7 月，刘航远以 138 公斤的成绩打破男子举重 56 公斤级世界纪录

▲ 李顺柱在 1980 年上海国际举重友好邀请赛中，获得男子举重 75 公斤级抓举、挺举和总成绩三项冠军

▲ 1987 年 10 月 31 日至 11 月 1 日在美国德托纳比奇举行了第一届世界女子举重锦标赛中夺得各重量级奖牌的中国女将。左起：陈爱珍、蔡军、黄晓瑜、严章群、崔爱红

◀ 穆祥雄1951年起就多次打破男子100米蛙泳全国纪录，1958年至1959年间3次打破男子100米蛙泳世界纪录，最佳成绩为1分11秒1

▶ 在1959年第一届全运会上，跳台跳水前三名皆为广东运动员。图为邝耀眉（左，第三名）、梁秀英（中，第一名）、黄秀女（右，第二名）、在亲切地交谈

◀ 在1974年第七届亚运会上，跳水冠军李孔政（左）获男子10米跳台冠军，钟少珍（中）获女子10米跳台和3米板跳水冠军，谢才明（右）获男子3米板跳水冠军

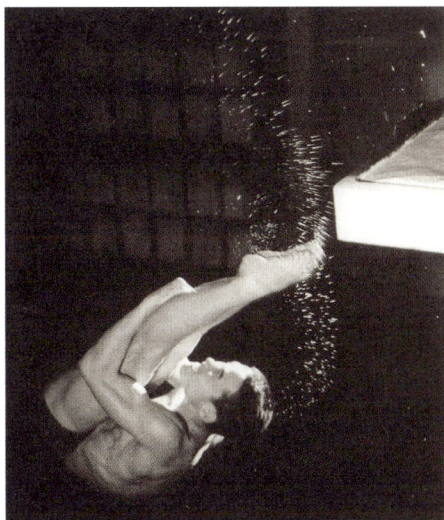

▲1974 年，年仅 15 岁的李孔政在第七届亚运会上获男子 10 米跳台冠军

▶1978 年，16 岁的陈肖霞获第八届亚运会女子 10 米跳台冠军。1979 年 9 月 8 日，她在第十届世界大学生运动会上再获女子 10 米跳台冠军，成为我国第一位跳水世界冠军

◀1978 年，教练钟少珍指导跳水新秀的入水动作。钟少珍是我国第一位亚运会跳水冠军

◀ 1970 年，倪志钦越过 2.29 米的高度，打破男子跳高世界纪录。该成绩作为亚洲纪录保持了 11 年之久

▲ 1974 年，藏族运动员周毛加以 53.06 米的成绩获第七届亚运会女子标枪冠军

▲ 1976 年，戴建华（左）打破女子 100 米栏全国纪录

▲ 申毛毛在 1977 年 9 月以 81.68 米的
成绩打破男子标枪亚洲纪录，也是亚洲
第一个突破 80 米大关的运动员

▲ 1978 年，李晓惠获全国田径运动会女子铁饼冠军，成绩
是 58.02 米，该成绩打破全国纪录和亚运会纪录

▲ 1978 年第八届亚运会上，谌欣以 1 分 1 秒 32 的成绩打破亚运会女子 400 米栏纪录

◀ 1978 年，邹振先以 16.9 米的成绩创男子
三级跳全国纪录

▼ 1978 年第八届亚运会上，王勋华以 14 秒 28 的成绩获男子 110 米栏冠军

新体育

飞碟世界冠军巫兰英

◀ 在 1981 年世界女子飞碟射击锦标赛上，飞碟世界冠军巫兰英获双向飞碟女子团体冠军和双向飞碟女单冠军，成为中国第一位射击世界冠军

▶ 巫兰英在射击比赛中的情形

▲ 1983 年，朱建华在上海举行的第五届全运会上以 2.38 米的成绩打破男子跳高世界纪录。1984 年，他又将世界纪录提升到 2.39 米。外国媒体赞扬他是"世界第一飞人"

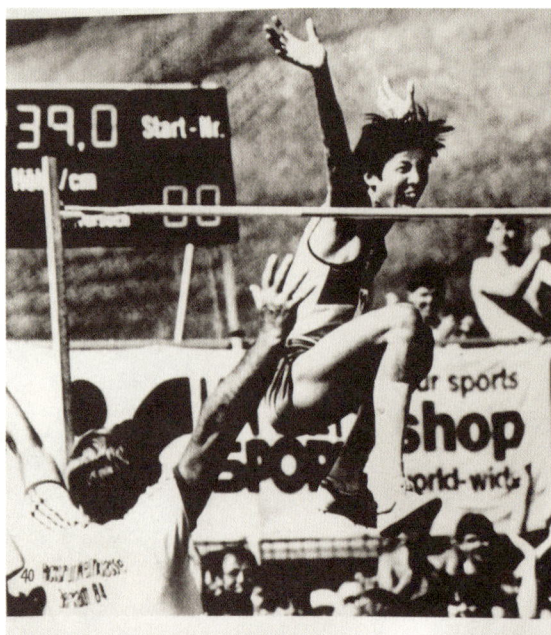

▶ 1984 年 6 月，在埃伯斯塔特举行的国际跳高比赛中，朱建华成功越过 2.39 米的高度，震撼世界，他自己也激动地跳了起来

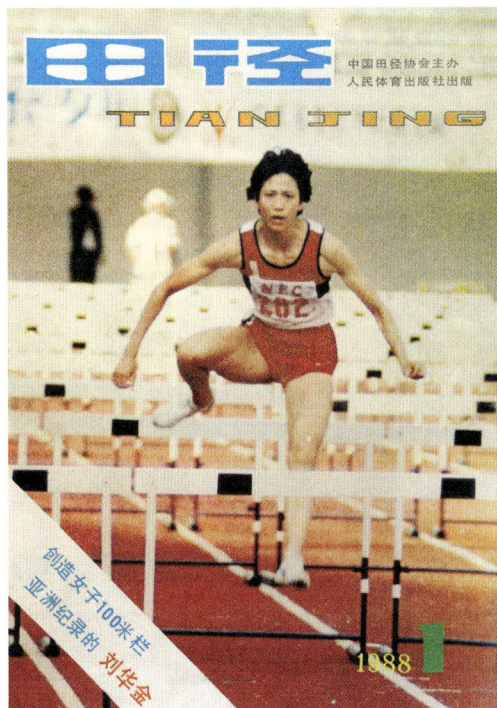

创造女子100米栏
亚洲纪录的 刘华金

TIAN JING

1988

◀ 1987 年，刘华金在广州全国运动会上获女子 100 米栏冠军，以 12 秒 89 的成绩打破了台湾名将纪政保持了长达 17 年之久的亚洲纪录。1990 年第十一届亚运会，她又以 12 秒 73 的成绩再次打破 100 米栏亚洲纪录

1987

田玉梅

——女子一百米全国纪录创造者

TIAN JING

中国田径协会主办　　人民体育出版社出版

▶ 田玉梅在第十届和第十一届亚运会上共夺得 3 枚金牌。在第五届、第六届、第七届全运会上获女子 4×100 米接力三连冠，在亚洲田径锦标赛上夺得 5 枚金牌、在全国田径年度大赛上夺得 17 枚金牌

◀ 1972 年，陈玉娘获全国羽毛球赛女子单打冠军

▶ 李永波（左）、田秉毅曾是羽毛球男子双打的强力组合

◀ 2006 年 8 月，鲍春来在韩国公开赛上夺得其职业生涯首个单打冠军

▶ 1959年7月，我国男女登山运动员挑战"冰山之父"——慕士塔格峰。其中9名女队员分别以7546米（8人）和7500米（1人）的成绩，打破世界女子登山纪录

◀ 1960年5月25日，我国登山运动员（左起屈银华、贡布、王富洲）第一次代表中国从北坡登上珠穆朗玛峰

▶ 1975年，潘多（左四）登上珠穆朗玛峰，成为世界上第一个从北坡登上珠穆朗玛峰的女性

▲ 1979 年，胡荣华第十次获全国象棋冠军，实现"十连霸"

▲ 我国跳伞史上的第一位世界冠军李荣荣，她在 1983 年第二届世界杯跳伞赛中获得女子个人全能冠军

◀ 1983 年，中国女篮在巴西圣保罗举行的第九届世界女篮锦标赛中获得第三名，首次跻身于世界三强。这是女篮队长宋晓波在颁奖仪式上升起五星红旗的情形

▶ 1984 年 6 月《新体育》刊登中国男篮神投手郭永林照片

姚明

姚明，1980年出生于上海，现任亚洲篮球联合会主席、中国篮球协会主席、中职联篮球俱乐部（北京）股份有限公司董事长兼总经理。1998年4月，姚明入选王非执教的国家队，开始篮球生涯。2001年，他荣获了CBA常规赛MVP；2002年，他所在队伍夺得CBA总冠军，个人荣获总决赛MVP。多次当选CBA的篮板王、盖帽王、扣篮王。在2002年NBA选秀中，他以状元秀身份被NBA的休斯敦火箭队选中，2003—2009年连续6个赛季（生涯共8次）入选NBA全明星赛阵容，2次入选NBA最佳阵容二阵，3次入选NBA最佳阵容三阵。2009年，姚明收购上海男篮。2011年7月20日，姚明宣布退役。2013年，姚明当选为第十二届全国政协委员。2015年2月10日，姚明正式成为北京冬季奥运会的形象大使之一。2016年4月4日，姚明正式入选2016年奈史密斯篮球名人纪念堂，成为首位获此殊荣的中国人。2021年3月3日，CBA官方3日公布了全明星25周年最佳阵容的评选结果，经过球迷的投票，姚明入选1996—2000时代与2001—2010时代最佳阵容。

▲ 姚明在比赛中双手完成大力灌篮

▶ 1986 年，邓小平与围棋国手聂卫平在桥牌桌上较量

◀ 1998 年，谢军（前排左一）与队友一起组成国际象棋队参加国际象棋奥林匹克女子团体赛，最终获得冠军。谢军于 1991 年战胜齐布尔达尼泽后，成为中国第一位女子国际象棋世界冠军

▶ 2014 年 12 月 3 日，世界台联宣布中国斯诺克球手丁俊晖在当时的斯诺克世界排名榜上跃居第一，他也因此成为世界台联有史以来第 11 位获得第一的运动员，同时他也是首位登上该榜榜首的亚洲球员

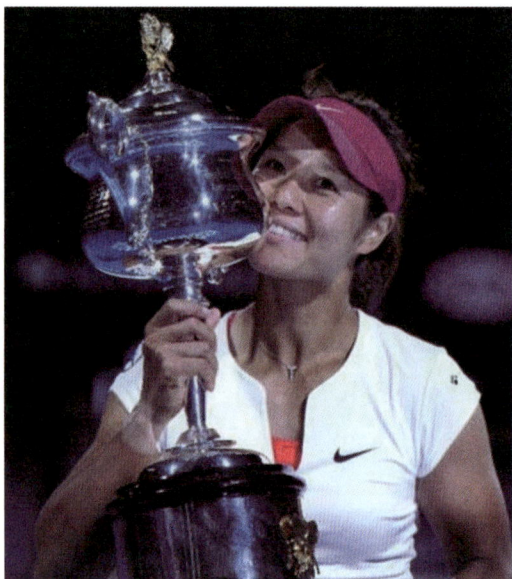

◀ 李娜获 2011 年法国网球公开赛、2014 年澳大利亚网球公开赛女子单打冠军，是亚洲首位网球大满贯得主，于 2019 年正式入选国际网球名人堂

▲ 林丹是羽毛球史上第一位集奥运会、世锦赛、世界杯、苏迪曼杯、汤姆斯杯、亚运会、亚锦赛、全英赛、全运会及多座世界羽联超级系列赛冠军于一身的双圈大满贯运动员，他于 2023 年正式入选世界羽联名人堂

第五章

众志成城——当代社会体育一瞥

中华人民共和国成立以后，党中央十分重视群众体育运动的开展，认为这是提高人民体质的最好办法，所以迅速建立了各级体育组织，在机关、学校和农村等地因地制宜地积极开展体育运动，不仅有效地提高了群众身体素质，而且锻炼出一大批体育人才。

当代社会体育一瞥

　　社会体育是指人们自愿参加的以增进身心健康为目的的群众性体育活动。它参与的对象主要是广大人民群众，具有活动领域广泛、参加人数众多、活动内容和形式丰富多样等特点。

　　中国是人口大国，从民众的全面发展、劳动者的素质、社会进步的总体要求来看，中国的体育人才呈现总量平稳递增趋势。社会体育出现了迅猛发展的势头。当代体育一般可划分为社会体育、学校体育和竞技体育三大板块，是以社会体育为塔基，学校体育为塔身，竞技体育为塔尖的正金字塔型。所以，中华人民共和国成立以后，国家非常注重社会体育开展，认为只有社会体育开展得好，才能锻炼出更多的体育人才。党和政府十分重视体育，其根本目的是通过体育运动提高国民身体素质，减少国民疾病的发生。由于我国在发展体育事业上目的明确，方法得当，七十多年来，整体国民身体素质得到了显著提高，同时也切实地培养出很多优秀体育人才。当然，社会体育的发展依赖于国家经济的繁荣和人民群众生活水平的提高。只有经济繁荣了，生活水平提高了，人们才有更大的兴趣和精力从事体育锻炼。

　　我国社会体育活动开展也走过弯路，特别是"文化大革命"期间，国家和地方的体育机构遭到摧残，国家体育赛事基本停止，地方体育活动发展也很不平衡。"文化大革命"结束后，党和国家对体育再度重视起来。1978 年 1 月下旬，全国体育工作会议召开。这次会议主要总结中华人民共和国成立以来的经验和教训，分清体育战线上的大是大非，拨乱反正，明确了 8 个问题：1. 要坚持党对体育事业的领导；2. 要促进青少年德智体全面发展；3. 要坚持普及与提高相结合的方针；4. 要开展体育运动竞赛；5. 要迅速攀登体育运动技术高峰；6. 要开展国际体育交往；7. 要坚持合理规章制度；8. 要建设一支又红又专的体育队伍。会议决议中写道："在本世纪内，一定要努力做到：城乡群众体育大普及，全国人民体质大增强，拥有世界一流的体育队伍，世界一流的运动技术水平、现代化的体育设施，成为世界上体育最发达的国家之一。""三年内，群众体育要开创一个新局面，要有三分之一项目的成绩达到世界先进水平。"正是在这样的指导思想下，轰轰烈烈的群众体育活动在全国普及开来。当时还出版了一本叫《体育之春》的书，叶剑英副主席为之题写了书名。书中收录了青少年在 1978 年这一年参加体育赛事和参与群众体育的诸多照片。1979 年国家体育事业实施向竞技体育的战略转移，确定了要在奥运会和世界锦标赛取得好成绩的战略目标。为了迎接 1980 年和 1984 年奥运会，对扩大培养高水平运动员做了具体部署。经过三年调整，我国体育完全形成了以在奥运会上取得好成绩为中心的体制。1980 年，因为苏联正在武装入侵阿富汗，我国虽然接到了第二十二届莫斯科奥运会的邀请，但为抗议苏联的行为而拒绝参赛。1984 年我国正式参加了洛杉矶奥运会，截至该届奥运会结束，中国健儿一举夺得 15 枚金牌，列金牌榜第四；1992 年巴塞罗那奥运会闭幕时，我国保持了金牌榜第四的位置。之后，中国体育日渐繁荣，在国际重大赛事中多次获得优异成绩，中国在世界的体育地位保持着稳定的上升态势，近十年来更是达到了世界领先水平，并进入到体育大国的行列。

中华人民共和国成立以后，全国各地都重视开展体育运动，而且都有大量照片保留下来。本部分精选了一些地方群众体育赛事照片，目的是让读者了解当年群众体育开展的真实状况。笔者生于平谷，对平谷的体育老照片收集甚多，最早的老照片是 1958 年的，兹从中选取一些照片，放在本部分前面。平谷位于北京东北部，原来是一个郊区县，2002 年撤县建区。平谷的体育记载始于 1936 年，只保存一件全县大赛的优胜者奖品——潘龄皋字帖。其他各地的体育照片是从老画报中选择的一些具有代表性的画面，读者可以根据我们所列举的照片，联想当时各地体育运动状况，尤其在经济条件较差的年代，我们的社会体育是如何开展的。

▲ 1958 年 6 月 17 日，唐山专区蓟县地级中学生田径运动会平谷中学代表队合影。后排穿 44 号背心者即全国女子 4×400 米接力赛冠军之一——李凤祥

◀ 1959 年，北京平谷师范学校女篮合影。这支劲旅曾驰骋各地参赛，多次获优异成绩

北京平师女篮合影

◀ 1973 年 6 月，北平谷县熊耳寨公社南岔大队小学一年级学生课间运动

▲ 1980 年秋，平谷县优秀运动员合影

◀ 1982 年，平谷县山东庄小学生在教室前的简易乒乓球台上做抛球运动

▶ 1985 年，北京市平谷县教育局教职工首届运动会 4x400 米接力赛冠军被平谷中学青年教师夺得

▼ 1986 年，平谷县中学生春季运动会女子长跑比赛在平谷中学举行

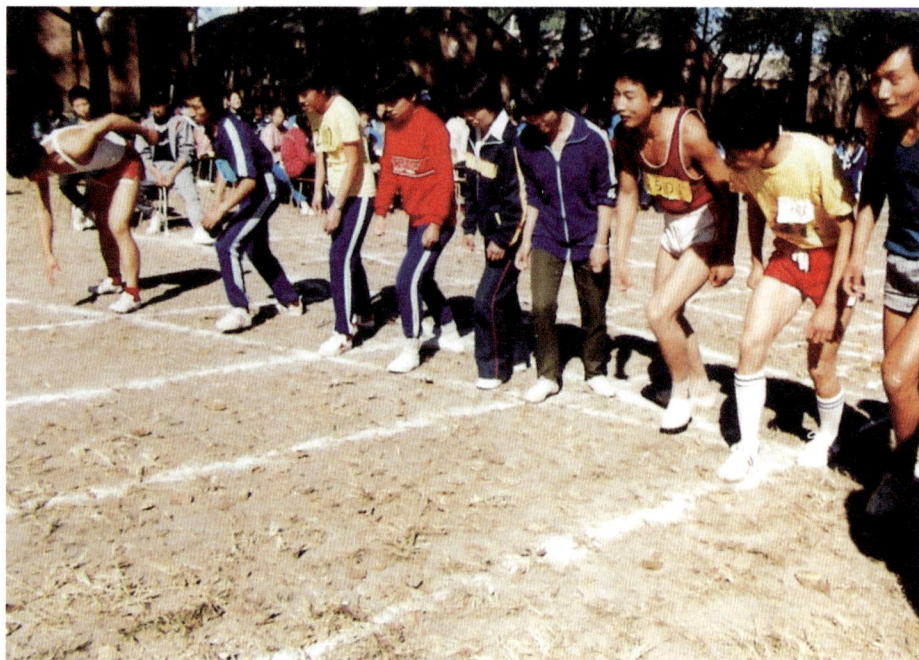

▲ 1990 年 4 月 23 日，平谷县中学生春季运动会男子 3000 米跑开赛

▲ 传统武术自 1958 年纳入国家比赛项目后，各地十分重视武术人才培养，历练出很多拔尖人才。
此为邱方俭（左）与于海（右）表演武术。二人均为武术大师，曾出演电影《少林寺》

▶ 1977 年 6 月，山东张店铝厂第二子弟小学利用当时简陋的设施，开展乒乓球比赛

▲ 1977 年秋，少数民族姑娘们正在练习跳板

▲ 1977 年夏，贵州省台江县东风寨的青年在清水江练习游泳

▼ 安徽省南陵县是全国群众体育先进单位，图为 1977 年 10 月奎湖公社社员们利用场院劳作间隙，进行拔河比赛

▲1978年1月，吉林省长白山下的青年农民进行野外滑雪比赛

▲1978年1月，吉林省长白山下的滑雪爱好者进行野外滑雪比赛

▲ 冬季的东北，千里冰封，银装素裹，广大青少年利用自然条件的优势，到野外开展滑雪、滑冰运动

▲ 1978 年，山东省烟台市老年人新长征运动会长跑比赛

▶ 一年一度的北京环城赛跑此为
1978 年的比赛情形场景

▶ 1978 年夏, 广东省江门市
的学生利用池塘开展游泳比赛

▲ 1978 年, 广东省江门市青少年业余体校的学生正在做基本功训练。这个体校为中国培养出很多
优秀体操运动员

◀ 1978 年 3 月, 全国群众
体育先进单位——江苏省海
安县北凌公社的社员在田间
劳作时, 利用休息时间进行
拔河比赛

▲ 1977 年以后，国家体育运动迅速迈上新台阶，举办和参加的体育赛事日益增多，图为 1978 年 9 月外国运动员来到中国和中国游泳运动员一起联欢

▼ 1978 年，北京市一处公园内集体练剑的场景

▲ 1978 年，北京某体育大赛在即，观众买票十分踊跃，为能买到座位票，人们在北京市体育运动委员会外冒雨排队等待购票

◀ 少年儿童在踢足球

▲1980 年 11 月《人民画报》刊登的图片《草原上的小摔跤手》

▲1988 年 10 月 16 日，某地少年儿童参加广播体操比赛的现场剪影

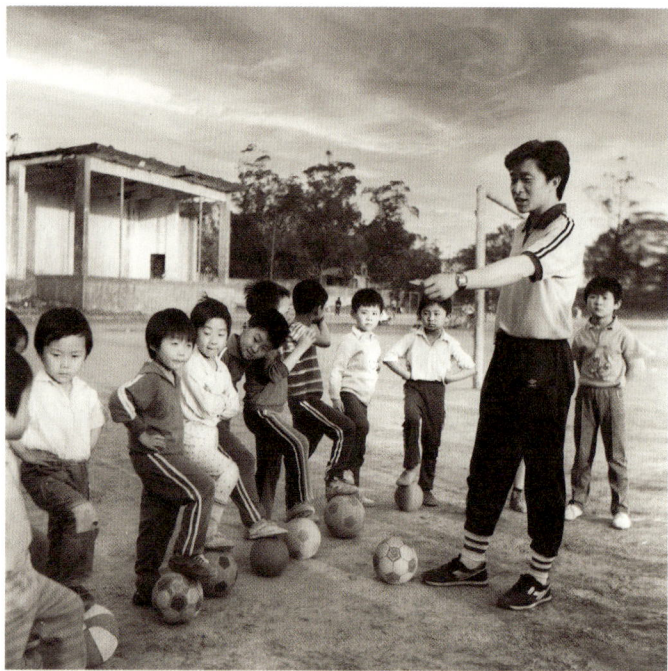

◀ 1989 年 7 月，成都市原东郊体育场里，孩童们在专职足球教练的指导下进行足球训练

▲ 1993 年，河南省汝阳县的乡村庙会上农民在打乒乓球

▲ 2001 年，一群活泼的青年在滑冰场滑旱冰玩耍

▼ 2004 年，人们在公园里鞭打巨型陀螺

▲ 2013 年 2 月，人们正在进行第四届圆明园皇家庙会冰上表演的排练

▲ 2020 年 8 月，百余五禽戏爱好者在社会体育指导员的指导下习练武术，迎接即将到来的"全民健身日"

▲ 2023 年 4 月 22 日，"2023 吐鲁番交河马拉松赛"在交河故城开跑

如今，从"大"到"强"是新时代赋予中国体育事业的新定位和新使命。近年来，促进体育事业和产业发展的文件政策也在不断出台，社会各界参与体育活动的积极性不断提高，《中华人民共和国国民经济和社会发展第十四个五年规划和 2035 年远景目标纲要》明确提出到 2035 年要将我们国家建成体育强国。体育已成为中华民族伟大复兴的标志性事业，竞技体育、群众体育、体育产业、体育文化各方面协同发展，体育强国建设如火如荼，体育强国梦正在汇入中国梦的时代洪流中。因此，无论是用敢于超越的拼搏精神奋战在国际赛场上的运动员，还是在国内赛事和群众体育运动中不断汲取养分、茁壮成长的生力军，都应该从自身出发，认识到体育事业发展与自我发展、自我价值实现、国家命运之间的联系。

后记
Postscript

书稿完成，如释重负。

本书是应湖南少年儿童出版社之约编著的，旨在让广大青少年通过本书这个"窗口"，纵览中国体育事业百年来所走过的曲折历程，同时也让他们能了解我国近现代史上涌现的体育健儿如何为给国家和人民争得荣誉而不懈奋斗。青少年通过书中一幅幅内容精彩的图片，能欣赏到老一辈运动员在运动场上的矫健身姿和精神风貌，也能领略不同时代的运动员在衣着、发式、动作等方面的细节变化，如1948年的第七届全国运动会上湖南女子排球队队员身穿旗袍参加决赛。

本书收录了一些当时的运动员在参赛期间生活方面的镜头画面，希望能增加一些不同的阅读视角，让青少年读者们可以跨越时空，了解当时运动员宿舍的居住条件、室内装修等。

中华人民共和国成立初期，毛泽东、朱德等国家领导人对体育运动有着独到的见解，高度重视体育事业发展，目的就是推动全民热爱体育，最终达到提高全民身体素质的目的。这一时期，我国在国内、国际形势上都面临着严峻的考验，但大众体育运动并没有受到大的影响。改革开放以后，国民经济得到大发展，人民的生活水平也得到大幅提升，竞技体育运动和大众体育运动很快有了空前的发展，无论是参加奥运会这样最高规格的体育大赛，还是参加世锦赛等这些最高规格的单项大赛，我国都本着"友谊第一，比赛第二"的原则，发挥了出色的竞技水平。

然而本书是笔者独自完成的，无法做到将我国所有优秀的运动员和重大体育事件收录进来，因此只选取了部分有代表性的图片和事件整理成书，恳请广大读者朋友予以理解，如有不当之处敬请方家提出改正意见，以便图书再版时修订。

　　感谢湖南少年儿童出版社的高度信任！感谢广大读者朋友多年来的鼓励和支持！此外还要感谢冯建忠、冯艺、詹洪阁等书刊收藏界的大家，他们在2006年曾为笔者提供过很多体育文献和参考资料，其中一些内容在本书也有采用。最后，还要感谢我的同事和社会上的好友为编写本书给予的大力支持。

李润波

2024 年 5 月 28 日